# IJL EN IJDEL, ALLES IS IJDEL

*EEN CHRISTELIJKE COMMENTAAR OP PREDIKER*

Benoît Standaert

Yunus Publishing

IJL EN IJDEL, ALLES IS IJDEL
**Een christelijke commentaar op prediker**
*Benoît Standaert*

Versie 1.0

Yunus Publishing

Bolderberg
2017

www.yunuspublishing.org

ISBN (gedrukte versie): 978-94-926-8911-5
ISBN (epub): 978-94-926-8912-2

D/2018/12.808/2
NUR: 700, 728

© Benoît Standaert

Niets uit deze tekst mag worden verveelvoudigd en/of openbaar gemaakt door middel van druk, fotokopie, microfilm of op welke wijze dan ook zonder voorafgaande schriftelijke toestemming van de auteur.

\*\*\*

Omslagbeeld
© idesign2000 | Adobe stock

Omslagachtergrond
© Ekaterina | Adobe stock

\*\*\*

Nederlandse vertaling van Bijbelverzen
© Katholieke Bijbelstichting, Breda.

"Heb je een goede dag, geniet ervan. Heb je een kwade dag, bedenk dan dat God ook die gemaakt heeft."

**Prediker 7,14**

# INHOUD

Inleiding .................................................................. 1

Commentaar op prediker ........................................... 9

   1,1 ............................................................................. 9

   1,2-3 ........................................................................ 11

   1,4-11 ...................................................................... 13

   1,12-2,11 ................................................................. 15

   2,12-23 ................................................................... 18

   2,24-26 ................................................................... 19

   3,1-8 ....................................................................... 20

   3,9-15 ..................................................................... 22

   3,16-4,3 .................................................................. 24

   4,4-16 ..................................................................... 26

   4,17-5,6 .................................................................. 30

   5,7-8 ....................................................................... 32

   5,9-19 ..................................................................... 33

   6,1-11 ..................................................................... 35

   7,1-14 ..................................................................... 37

   7,15-29 ................................................................... 41

   8,1-17 ..................................................................... 44

   9,1-10 ..................................................................... 47

9,11-12 ............................................................... 49

9,13-10,1 ............................................................ 50

10,2-11,6 ............................................................ 51

11,7-12,8 ............................................................ 55

12,9-14 ............................................................... 57

**Addenda** .......................................................... **61**

Een remedie tegen levensmoeheid .................................. 61

Prediker en de Psalmen ................................................ 63

Prediker en het Nieuwe Testament ................................. 65

Prediker in de christelijke liturgie .................................. 67

Een nachtwake met prediker ......................................... 71

**Kleine bibliografie** ........................................... **77**

# INLEIDING

Bij de Joden dient het boekje Prediker als feestrol voor het grote herfstfeest: het Loofhuttenfeest, de vijftiende dag van de zevende maand. Dit is het meest blije van alle pelgrimsfeesten van de joodse kalender en duurt acht dagen lang. Hoewel het boekje soms erg scherp en realistisch uit de hoek komt—zoals de gekende zin 'ijl en ijdel, alles is ijl en ijdel' ook doet uitschijnen—staat Prediker volgens de joodse traditie midden dat deel van de overlevering die de blijdschap als een levensplicht aanbeveelt. Vreugde en feest 'moeten'. Jezus staat zelf ook in die traditie wanneer hij aan de Farizeeërs de vraag stelt: '*Moet er dan geen feest zijn...?*'

### *Eén van de drie boeken op naam van Salomo*

Prediker is in onze christelijke bijbels een onderdeel van de wijsheidsboeken, ingeschoven tussen Spreuken en het Hooglied. De drie boeken zijn ons overgeleverd op naam van Salomo. Voor Prediker valt de naam 'Salomo' wel niet in de titel (zie 1,1); alleen "zoon van David" en "koning in Jeruzalem" waren voldoende om het boek aan koning Salomo toe te schrijven. Soms heeft men een verband willen zien met de leeftijd van de wijze koning: eerst schreef hij tot de jeugd (Spreuken), vervolgens dacht hij na over de liefde (Hooglied) en uiteindelijk schreef hij zijn testament in het licht van de dood, en dat was dan het boek Prediker.

De orde van de drie boeken wordt bij de vroegchristelijke auteurs geduid als beantwoordend aan de drie stadia van het geestelijke leven, volgens de drie objecten van contemplatie: het ethische (Spreuken), het fysische (Prediker) en de theologie (Hooglied). Spreuken is voor de beginnelingen, Prediker voor de gevorderden en het Hooglied voor de laatste en hoogste trap van de vorming. Deze drievoudige indeling beantwoordt trouwens aan de gangbare indeling van de filosofie, minstens sinds Aristoteles (ethiek, fysica en metafysica). De wijze Salomo bestrijkt dus met zijn drie boeken de hele menselijke ervaring. Met name Origenes, Gregorius van Nyssa en Evagrius schreven beschouwingen of homilieën over Prediker binnen dit denkkader van de toenmalige filosofie.

Met Prediker worden we dus, volgens deze traditie, aangezet om na te denken over de kosmos, en over de plaats van de mens binnen het heelal. Alle beschouwingen over tijd en eeuwigheid, en over vergankelijkheid en sterfelijkheid houden daarmee verband.

Velen hebben het merkwaardig gevonden dat zo'n weerbarstig boekje een plaats gevonden heeft in de canon van de bijbelse geschriften. Feitelijk ging dat niet van zelf, zoals we nog kunnen lezen, hier en daar in de Talmoed (zie o.m. *bShabbat* 38b-39a; *mYadaïm* 3, 5; 5,6; *mEdouyot* 5,3). Nergens klinkt in dit boek de geopenbaarde Naam (YHWH) van God aan Israël. Dat God de Heer tussen alle volkeren één volk heeft uitverkoren en daar een geschiedenis mee wil maken, zoals we in de rest van de Bijbel lezen, blijkt volledig buiten de horizon van onze denker te staan. Toch werd zijn boek aanvaard, als een onmisbare stem binnen het orkest van profeten, priesters en wijzen die de rest van het grote boek uitmaken.

## *Wie was de schrijver?*

Uit het naschrift (12,9-14) vernemen we dat Prediker een leraar was in Israël, en we mogen veronderstellen dat hij in Jeruzalem zelf onderricht gaf, waarbij de tempel een bereikbare ruimte is waar hij en zijn toehoorders geregeld kwamen (zie 4,17 tot 5,6). Hij kent de schoolse traditie van wijsheid en smeedt zelf nieuwe spreuken, al dan niet ontleend aan de grote schat van de meesters vóór hem. Zijn taal laat hier en daar Perzische en Aramese invloeden zien. Tegenwoordig plaatsen de meeste commentatoren hem in de periode van de Griekse overheersing, onder de Egyptische vorsten, de Ptolemeeën. We zijn dan halverwege de derde eeuw vóór Christus (ca 250). Een handschrift uit het midden van de tweede eeuw v. Christus, in Qumran gevonden, wijst erop dat het boek tenminste voor die tijd moet zijn ontstaan. De kwestie van het politieke gezag, terwijl het land bezet is door vreemden en er een andere cultuur binnendringt, speelt een belangrijke rol in de beschouwingen van Prediker.

## *Actualiteit*

Prediker doet zeer modern aan. De meeste van zijn paragraafjes beginnen met: 'Ik heb gezien', 'ik heb vastgesteld', 'ik heb meegemaakt', 'ik overwoog bij mezelf'. Hij vertrekt vanuit ervaringen en spreekt zelfbewust. Daar houden we van. Hij verkondigt geen waarheden als een koe maar legt getoetste beweringen uiteen, vanuit persoonlijk doorleefde ervaringen.

Prediker stelt daarbij vele en goede vragen. Men telt er bij de veertig in de eerste tien hoofdstukken van zijn boek. Hij is kritisch, zeer kritisch, meer wellicht dan we zelf doorgaans willen of kunnen zijn. Hij kapt vele schijnzekerheden weg en verplicht ons met het ultieme en met het weinige echt wezenlijke bezig te zijn. Mensen zijn rijk, verzadigd, vertrouwen op domeinen, op faam of op geld. Prediker waagt het om de dingen door te denken: zijn toespraak kan je lezen als 'een bergrede voor rijken'. Jezus richt zich in de Bergrede tot armen, Prediker in zijn boek tot welgestelden. Beide teksten beogen uiteindelijk de zaligheid van hun lezers. In beide teksten wordt ons diepste verlangen aangesproken. Lezen is onder het woord gaan staan, nederig en volhardend. Misschien geraken we dronken door die te sterke wijn? Misschien brengt de lectuur ons tot een gezapiger staan in het leven, arm en verzoend? Of wie weet laat de schrijver ons toe een nog andere vreugde te ontdekken dan wat we tot hier toe hebben gekend.

Bij Prediker zien we bovendien hoe hij in de eerste hoofdstukken met een vorm van narcisme afrekent. De ons omgevende cultuur, tot in de meest voorkomende geestelijke literatuur, is behoorlijk besmet met een bedenkelijk narcisme. Prediker werkt therapeutisch op dat vlak. Hij heeft echt iets te zeggen tot ons en onze cultuur. Wie vandaag christen wil zijn binnen onze westerse cultuur, heeft aan zo'n ontmaskerend spreken veel deugd.

Dit wijsheidsboekje is voor mij telkens vitaliserend. Om redenen die ik zelf niet volledig kan achterhalen, doet de lectuur ervan keer op keer mij goed. Het effect ervan is te vergelijken met dat van taoïstische teksten of boeddhistische literatuur. Vreemd genoeg vormt Prediker zodoende binnen onze traditie een brug naar totaal andere wereldvisies zoals wat vandaag uit China of uit Japan komt.

Aan allen dus veel leesgenot! Het dankbaar genieten is een elementaire plicht van de serene wijsheid in dit boekje.

*Br. Benoît Standaert osb,*
*september 2006*

## *Wat men in het verleden over Prediker zei*

Prediker is een vreemd en bewonderenswaardig boek.
*Ernest Renan*

Prediker is een onontbeerlijk boek.
*Paul Beauchamp*

Prediker: waarschijnlijk het meeste controversiële en ongrijpbare boek van de hele bijbelse canon.
*Roberto Vignolo*

Prediker is een vreemd werk dat blijft fascineren.
*R.B.Y. Scott*

Prediker: een boek dat aan de miserie van allen dierbaar is.
*G. Ceronetti*

Iedereen is in een of ander uur van zijn levensverhaal Prediker.
*E. De Luca*

Prediker: de ironist *par excellence.*
*I.J.J. Spangenberg*

Prediker is een kort en moeilijk, maar boeiend boek.
*A. Schoors*

Prediker is de trouwe behoeder van het goddelijke Anderszijn dat niet kan worden opgeslokt binnen welk menselijk systeem ook.
*Walter Eichrodt*

Prediker is de kwintessens van het scepticisme.
*H. Heine.*

Prediker is de kwintessens van de joodse vroomheid.
*F. Delitzsch.*

Je komt niet ongedeerd uit de lezing van Prediker, wel volwassener of tenminste klaar om volwassen te worden.
*A. Maillot*

Prediker is het laatste boek van de bijbel en het eerste boek van de rabbijnse literatuur.
*Charles Mopsik*

Prediker getuigt niet zozeer van 'de crisis van de traditionele wijsheid' (gangbare opinie) dan dat hij 'de wijsheid van de crisis' aan zijn lezers voorlegt.
*R. Vignolo*

# COMMENTAAR OP PREDIKER

**1,1**

1,1 WOORDEN van Prediker, zoon van David, koning in Jeruzalem.*

De titel van het boek herinnert merkwaardig genoeg niet aan die van Spreuken bijvoorbeeld maar wel aan die van de profeten Amos of Hozea: *"Woorden van..."* Zouden we naar Prediker moeten luisteren als naar de stem van een profeet? De oude Aramese vertaling, de Targoem, grijpt er niet naast. De eerste zin klinkt als volgt: *"Profetische woorden die Prediker profeteerde, hij die Salomo is, de zoon van David, die koning was te Jeruzalem."*

'Prediker' (in het Hebreeuws *Qohelet*, vrouwelijk, gevormd vanuit de wortel *qhl*, waarvan het zelfstandig naamwoord *qahal* 'gemeenschap' betekent) is geen eigennaam maar wijst op een functie: de verzamelaar (van de gemeente). Hier en in v. 2 geldt *Qohelet* als de

---

* We drukken de tekst af zoals we die op internet konden vinden, Willibrordvertaling van de Katholieke Bijbelstichting (1978). Hier en daar vertalen we wat letterlijker.

bijnaam van de auteur. In 7,27 en 12,8 staat de naam er met het lidwoord.

Het Grieks maakte er *Ekklèsiastès* van, waarbij het woord *ekklèsia* (kerkgemeenschap) in blijft doorklinken. 'Man van de Kerk', van de gemeenschap, opbouwer, enz. Bij de Griekse Kerkvaders is Christus die persoon die de gemeente bijeenroept. Hiëronymus verstond het woord als '*Concinnator*', degene die (allen) samenroept. Luther maakte er '*Prediger*' van, wat in de Nederlandse vertaling van de Statenbijbel tot 'Prediker' werd. En zo is het in ons taalgebied gebleven tot op vandaag.

*"Zoon van David, koning in Jeruzalem."* De stem die we beluisteren is die van een Davidszoon en koning. Dit kan Salomo zijn, of iedere messiaanse telg uit het koninklijke geslacht van David. De traditie zal dit opschrift eenduidig verstaan als verwijzend naar Salomo, en dit boek terugplaatsen te midden van de twee andere boeken op naam van Salomo: Spreuken, Prediker en Hooglied. Let wel, wat in 1,12 ("Ik, Prediker, was koning...") puur ironisch als een maskerade wordt aangebracht, is hier door een uitgever heel ernstig aan het hele boek vooropgesteld. Het is de vraag of we ook deze titel, althans bij een tweede lezing, niet met een korreltje zout moeten nemen. Is de ironie reeds hier aanwezig als verbloeming van de auteur?

## 1,2-3

¹,² IJl en ijdel, zegt Prediker, ijl en ijdel, alles is ijdel.
³ Wat heeft de mens aan al zijn zwoegen en tobben onder de zon?

De gedachte van vers 2, letterlijk herhaald in 12,8, omlijst het hele boek. Het is een uitgangspunt evenzeer als een conclusie. Het wordt een refrein binnen het hele betoog.

'IJdel' (*hebel*, in het Hebreeuws, de naam ook voor één van de zonen van Adam, *Abel*) staat ook voor 'leeg', 'adem', 'lucht', 'damp'. Met het woordje '*ruach*' (geest, wind) hoort het tot de meest voorkomende woorden binnen dit boek. Alles is adem, lucht, wind, ijl, vluchtig, ongrijpbaar, onbestendig.

Vers 3 vormt een tweede sleutel die het geheel moet oriënteren. Geen stelling maar een vraag. Wat baat het allemaal, in dit bestaan 'onder de zon'? De vraag is open maar klinkt, vanuit de vorige zin, toch al wat ingevuld: het baat allemaal niet veel, het baat wellicht niets? (zie 2,11!)

In het hart van het evangelie van Marcus heeft de evangelist een dubbele wijsheidsspreuk geplaatst die verbazend dicht komt te staan bij de opening van het boek dat we hier bespreken:

> Wat baat het de mens de hele wereld te winnen als dit ten koste gaat van zijn eigen ziel? Wat kan een mens in ruil geven voor zijn ziel? (Mc 8,36-37).

Het evangelie en de woorden van Jezus (zie Mc 8,35 en 8,38) spelen rechtstreeks in op die onontkoombare vraag, zoals ook hier de bewaarde 'woorden van Prediker' met die vraag in het reine willen komen.

*'IJdelheid der ijdelheden en alles is ijdel'*. Het zinnetje klinkt in mijn oren sinds mijn kinderjaren, maar dan in de verrijkte formulering van Thomas a Kempis. Op de eerste bladzijde van zijn *Imitatio* of *Navolging van Christus* lezen we die uitspraak, maar aangevuld: "...alles is ijdel *behalve God te beminnen en Hem alleen te dienen.*" Ook de rabbijnse traditie laat de spreuk van Prediker niet onaangevuld klinken: "...alles is ijdel *behalve de studie van de Torah,*" waarmee de schoonste activiteit van de leerling-talmied wordt aangeduid! Bij de Griekse Kerkvaders horen we een analoge aanvulling en correctie op de oorspronkelijke spreuk. Inderdaad 'alles is ijdel', al wat uitwendig en stoffelijk, vergankelijk en onbestendig is. Alleen wat 'geest' is en deelt in de heilige Geest, blijft eeuwig.

Vandaag is het misschien onze nieuwe opdracht om Prediker in zijn radicaliteit zo te lezen dat we tot in het tweede, aanvullende lid dat de traditie telkens meent te moeten optekenen, ook nog de waarheid van *alles is ijdel* horen. Ook de studie van de Torah is ijdel, want ze loont pas als ze onbaatzuchtig is, en tot niets dient, zo de meesters. Ook 'God beminnen' is 'ijdel' want die liefde vergt 'leegte', *kenôsis* in het Grieks, ja een volkomen opzeggen van elke vorm van eigenliefde, en dat de geest 'leeg' en 'ijdel' is, ongrijpbaar en juist nooit in te vullen, dat wordt ons zowel door Prediker als door Jezus zelf (zie Joh 3,8: "de geest waait waar hij wil, waarheen en waar vandaan?") helder verkondigd. Alles is inderdaad ijdel en een schone ijdelheid blijft de edelste idealen doortrekken, althans voor wie onze Prediker tot het einde blijft lezen!

## 1,4-11

1,4 Geslachten gaan en geslachten komen, en de aarde blijft al maar bestaan. 5 De zon komt op en de zon gaat onder, en haast zich dan weer naar de plaats waar haar loop begint. 6 De wind waait naar het zuiden en draait naar het noorden. Hij draait en draait en waait, en telkens keert hij op zijn draaien terug. 7 Alle rivieren stromen naar zee en de zee raakt niet vol. Naar de plaats waar ze begonnen zijn keren de rivieren terug om opnieuw te gaan stromen. 8 Het wordt een vermoeiend verhaal en geen mens kan er iets over zeggen. Hij kijkt wel maar ziet niets, hij luistert zonder iets te verstaan. 9 Wat geweest is zal weer zijn. Wat gebeurd is zal weer gebeuren: nieuw is er niets onder de zon. 10 Er is wel eens iets waarvan men zegt: "Kijk, dit is iets nieuws!" Maar dat is niet zo: in vroeger tijden was het er ook al. 11 Aan de mensen van vroeger wordt niet meer gedacht, evenmin als aan die van later zal worden gedacht door degenen die na hen komen.

Dit eerste fragment dat het midden houdt tussen poëzie en proza, is gewijd aan een aantal brede beschouwingen over enkele opvallende natuurfenomenen: aarde, zon, wind, rivieren en zee vallen onder de aandacht van de denker. In de tweede helft keert deze dan terug tot zichzelf en tot bij het vermogen om te observeren. Hij kijkt niet alleen maar hij ziet zichzelf ook kijken en blijft nadenken. Bij al die beschouwingen komt hij uit op een zelfde resultaat: de dingen zijn ongrijpbaar en onbegrijpelijk, ze zijn niet eens onder woorden te brengen (v. 8).

Dat er niets nieuws is onder de zon heeft ook Pythagoras ooit gezegd: "Dingen die eens gebeuren, gebeuren nog, en niets is absoluut nieuw." Bijbels klinkt zo'n uitspraak choquerend: het historisch bewustzijn van Israël is precies dat God gesproken heeft en er daardoor telkens nieuwe dingen staan te gebeuren. Prediker is overmand door een andere evidentie. Willen we hem volgen? En zien wij dan zoveel scherper dan hij wanneer wij door onze oogkassen kijken naar zon en maan, aarde en zee, de tsunami's en de orkanen, en de opeenvolging van de geslachten die komen en gaan? Het kosmische bevraagt de mens tot in de diepste wortels van zijn zelf-verstaan. De wijzen in het algemeen en Prediker in het bijzonder ontwijken die vraagstelling niet maar confronteren er ons mee, soms op een puur filosofische manier, soms op een meer poëtische, zoals in de eerste toespraak van God aan Job (zie Job 38-39). Prediker houdt hier het midden tussen poëzie en filosofische reflectie. De gedachte dat de zee met al het instromende water van de rivieren toch nooit vol raakt, kan ons nog dagen bezig houden...

## 1,12-2,11

1,12 Ik, Prediker, was koning over Israël in Jeruzalem. 13 Ik had mij voorgenomen in alles wat onder de hemel gebeurt ijverig te zoeken naar wijsheid: een trieste bezigheid die God de mens heeft opgelegd om er zich mee af te tobben. 14 Ik bekeek al het gedoe onder de zon. En het bleek allemaal ijdel en grijpen naar wind. 15 Wat krom is krijg je niet recht en wat ontbreekt kun je niet meetellen. 16 Ik zei bij mezelf: Ik heb nu meer wijsheid verworven dan al mijn voorgangers in Jeruzalem. Overvloed van wijsheid en kennis heb ik opgedaan. 17 Ik nam mij voor het verschil te leren kennen tussen wijsheid en dwaasheid, tussen kennis en onverstand. Maar ik kwam tot het inzicht: ook dat is grijpen naar wind. 18 Want veel wijsheid brengt veel verdriet; en hoe groter de kennis, hoe groter de smart.

2,1 Ik zei bij mezelf: Zoek het eens in het plezier en geniet van het goede. Maar ook dat bleek ijdel. 2 Lachen is dwaasheid, zeg ik, en plezier maken levert niets op. 3 Zo heb ik het ook eens geprobeerd met de wijn - het was de wijsheid die mij dat ingaf - : ik wilde erachter komen of in de dwaasheid nu het geluk ligt waar de mensen voor werken onder de zon, heel hun kortstondig bestaan. 4 Ik heb grootse werken ondernomen. Huizen heb ik gebouwd en wijngaarden geplant. 5 Ik heb tuinen en parken aangelegd en ze met allerlei fruitbomen volgeplant. 6 Ik heb vijvers aangelegd om een bos van jonge bomen te bevloeien. 7 Ik kocht slaven en slavinnen en kreeg er nog bij door geboorte. Mijn veestapel, runderen en schapen, was groter dan die van al mijn voorgangers in Jeruzalem. 8

Ook kostbaarheden stapelde ik op: zilver en goud uit alle koninkrijken en provincies. Ik hield er zangers en zangeressen op na, en vrouwen, mooie vrouwen, waar een man van geniet. 9 Zo was ik machtiger en rijker dan al mijn voorgangers in Jeruzalem; bovendien had ik nog mijn wijsheid. 10 Niets wat mijn ogen begeerden heb ik ze onthouden; geen genoegen heb ik mij ontzegd. Naar hartelust genoot ik van alles wat ik verworven had. Dat althans had ik met mijn zwoegen bereikt. 11 Maar toen ik terugzag op alles wat ik gepresteerd had en op al de moeite die mij dat gekost had, stelde ik vast: het is allemaal ijdel en grijpen naar wind. Er valt niets mee te winnen onder de zon.

Prediker zet hier het masker op van koning Salomo (1,12), de wijze bij uitstek, bovendien de machtigste man uit de dynastie van David, schatrijk, alwetend en alvermogend (zie 1 Kon 10,10-27). De hele toespraak wordt echter een parodie. Met dit masker op, mag de denker zijn fantasie de vrije loop laten: was er iets dat de koning in al zijn pracht en praal zich heeft moeten ontzeggen? Welnu, laten we eens onze begeerten in alle richtingen botvieren, wat is dan het resultaat? Drink de beste wijn, geniet met alle zintuigen tegelijk, neem vrouwen en slavinnen, zangers en fluitspelers, leg praaltuinen aan en vergroot je veestapel, verzamel de beste paarden, hoop zilver en goud op in je schatkamers, en dan?

Wat doet Prediker hier? Zoals R. Vignolo beschrijft, werkt hij met ironie het portret uit van de volslagen narcist. De rijke, de verzadigde, de materialistisch ingestelde mens die al zijn verlangens mag inwilligen, waar komt hij uit? Prediker heeft de overkant gepeild. Hij weet: zo'n bestaan kent vroeg of laat de ongeneeslijke ziekte van de verveling. Je mag dan nog de geneugten afwisselen tot in het oneindige: het vlees is moe, niets smaakt nog, alles verveelt, zelfs de ongedurige afwisseling. De woestijnvaders waren vertrouwd met die kant van het bestaan. Ze gaven een speciale naam aan die ervaring: de *akèdeia* of lusteloosheid. Evagrius, Cassianus en Johannes Climacus hebben levendige portretten geschilderd van monniken die geplaagd worden door deze duivel, gebruikelijk rond het middaguur ('le démon de midi'; vgl Ps 91(90),6, in het Grieks en het Latijn). De tijd vordert niet, het is alsof de zon stilstaat aan het hemelgewelf en de avond maar niet wil vallen (want dan kunnen ze, volgens de regel, beginnen te eten...). Ze vervelen zich dood, lopen in gedachten naar de andere kant van de wereld waar alles veel zinvoller is en waar de buren meer aandacht hebben voor de waarde van wie daar alleen in zijn cel nu de muren oploopt!

Een eerste conclusie brengt de openingszin weer voor de geest: "Het is allemaal ijdel en grijpen naar wind". "Er valt niets mee te winnen onder de zon."

Ja, wat baat het? De vraag houdt Prediker bezig en we leren die in alle scherpte op het leven te leggen. De wijze zoeker blijft aan de gang, en speurt verder: misschien is er een overkant?

## 2,12-23

12 Toen richtte ik mijn aandacht weer op de wijsheid en vergeleek ze met dwaasheid en onverstand. Wat kan een opvolger doen? Niets meer dan zijn voorganger. 13 Ik weet wel dat wijsheid iets voorheeft op dwaasheid, zoals licht iets voorheeft op duisternis: 14 een wijze heeft ogen in zijn hoofd, terwijl een dwaas in het duister tast. Maar tegelijk stel ik vast dat beiden eenzelfde lot beschoren is. 15 Daarom zei ik bij mezelf: Als mijn lot hetzelfde is als dat van een dwaas, waar heeft mijn wijsheid dan toe gediend? Zo kwam ik tot de slotsom: ook dat is ijdel. 16 Aan een wijze blijft men evenmin denken als aan een dwaas. Op de duur worden beiden vergeten. Het is treurig, maar de wijze sterft net als de dwaas. 17 Ik werd het leven moe; al het gedoe onder de zon stond mij tegen. Het is allemaal ijdel en grijpen naar wind. 18 Het vreselijkste leek mij dat ik alles wat ik met mijn zwoegen onder de zon had bereikt, aan mijn opvolger moest achterlaten. 19 En wie weet of hij een wijs man zal zijn of een dwaas? Toch zal hij beschikken over alles wat ik met wijsheid bij elkaar gebracht heb onder de zon. Ook dat is ijdel. 20 Ik zag geen enkele zin meer in al mijn zwoegen en tobben onder de zon. 21 Want heeft iemand door zijn kennis en wijsheid moeizaam iets gepresteerd, hij moet het toch overlaten aan een ander die er niets voor gedaan heeft. Ook dat is ijdel, onzinnig. 22 Wat heeft een mens dan aan zijn gezwoeg, aan al zijn zorgen en tobben onder de zon? 23 Zijn leven is één lijdensweg, zijn werk een bron van ellende. Zelfs 's nachts vindt hij geen rust. Ook dat is ijdel.

De slotsom is telkens: waartoe baat het? Het is allemaal ijdel, keer op keer. Het is alsof Prediker ons wil uittesten, de laatste weerstanden wil breken, elke neiging om ons toch nog aan iets vast te klampen ongedaan wil maken en ons naakt wil zien staan tegenover de onmogelijkheid om aan het bestaan als geheel een zin te geven. Pas dan zijn we rijp om de allerlaatste beschouwingen van deze eerste brede uiteenzetting te lezen:

## 2,24-26

2,24 Het beste voor de mens is nog: eten en drinken en genieten van wat hij met veel zwoegen bereikt heeft. Want ook dat, zo begreep ik, komt uit de hand van God. 25 Of je het nu goed hebt of in de zorgen zit, het gaat nooit buiten Hem om. 26 Aan iemand die Hem bevalt, schenkt God wijsheid, kennis en blijdschap. Maar een zondaar laat Hij moeizaam sparen en vergaren om het dan over te dragen aan iemand die Hem bevalt. Ook dat is ijdel en grijpen naar wind.

Hier horen we op z'n minst twee dingen. Alles komt van God. Niets gaat buiten Hem om. Gods hand is de oorsprong van wat we 'het leven' noemen. Prediker weet dit en herhaalt dit met grote stelligheid van het begin tot het einde van zijn boek. Dat vergeet hij nooit. Dit zou kunnen betekenen: ook al verstaan we van het leven als geheel bijna niets, de kern ervan zou best een *gunst* kunnen zijn. Alles is ijdel maar alles is ook gunst, genade, 'voortkomend uit de hand van God'.

Het tweede dat we hier horen is dat Prediker ons aanzet te genieten. Eten, drinken en genieten van wat we moeizaam bereikt hebben. Aan de overkant van de algehele lusteloosheid breekt er een besef door dat de kleinste en eenvoudigste dingen van het leven: een glas water, een handdruk van een vriend of van een vreemdeling, een glimlach van een kind, een stuk brood in de morgen pure genade zijn en in zich toch een waardevolle zin bergen van dat onmogelijke leven waarin we zijn geworpen. Die gedachte komt bij Prediker wel zeven keren terug. Ze vormt een leidmotief van heel zijn uiteenzetting. Zoals we die hier voor de eerste keer horen is zij de vrucht van een louteringsproces. De wijze moet als het ware eerst sterven aan zijn botgevierde begeerten én frustraties om van de nederige wijn van het alledaagse en eenvoudige leven in zijn zuivere positiviteit dankbaar te kunnen genieten.

## 3,1-8

3,1 Alles heeft zijn uur, alle dingen onder de hemel hebben hun tijd. 2 Er is een tijd om te baren en een tijd om te sterven, een tijd om te planten en een tijd om wat geplant is te oogsten. 3 Een tijd om te doden en een tijd om te genezen, een tijd om af te breken en een tijd om op te bouwen. 4 Een tijd om te huilen en een tijd om te lachen, een tijd om te rouwen en een tijd om te dansen. 5 Een tijd om stenen weg te gooien en een tijd om stenen te verzamelen, een tijd om te omhelzen en een tijd om van omhelzen af te zien. 6 Een tijd om te zoeken en een tijd om te verliezen, een tijd om te bewaren en een tijd om weg te doen. Een tijd om stuk te scheuren en een tijd om te herstellen, een tijd om te zwijgen en een tijd om te spreken. 8 Een tijd om lief te hebben en een tijd om te haten, een tijd voor oorlog en een tijd voor vrede.

Dit grote gedicht, het meest gekende uit heel het boek, bestaat uit achtentwintig werkwoorden, zoals het aantal dagen in een maand. Achtentwintig keren valt ook: "Er is een tijd om…" De wisselende standen van de maan komen overeen met dit alterneren van handelingen, nu eens dit, dan weer dat. Ebbe en vloed. Lachen en wenen, planten en oogsten, sterven en geboren worden, liefde en haat, oorlog en vrede: die dingen komen voor, lossen elkaar af, blijken onvermijdelijk op te treden, onstandvastig maar ook onontkoombaar. Prediker moraliseert niet: je krijgt hier het recht om nu eens te haten en dan weer lief te hebben. Je leert nadenken, verwonderd, over het feit dat in het leven het een én het ander optreden, vaak ongewild, soms als wat je ondergaat meer dan dat je er zelf voor zou gaan.

In de nabeschouwing die hier volgt, brengt Prediker het verschil aan tussen God en mens in het beleven van de tijd: bij God geschiedt alles op zijn tijd, terwijl de mens geen zicht heeft op het geheel. "Gods werk blijft voor een mens ondoorgrondelijk" (3,11). En Prediker wil dat een wijze daarmee leert te leven.

## 3,9-15

3,9 Wat heeft iemand dan aan al zijn werken en zwoegen? 10 Ik overzag de bezigheden die God de mensen heeft opgelegd om er zich mee af te tobben. 11 Alles wat Hij doet is goed op zijn tijd; ook heeft Hij de mens besef van duur ingegeven, maar toch blijft Gods werk voor hem van het begin tot het eind ondoorgrondelijk. 12 Daarom lijkt het mij voor de mens nog het beste vrolijk te zijn en het er goed van te nemen. 13 Als hij kan eten en drinken en genieten van wat hij met al zijn zwoegen bereikt heeft, is dat immers een gave van God. 14 Ik kwam tot het inzicht dat alles wat God doet voor altijd blijft: er valt niets aan toe te voegen en niets gaat eraf. God maakt dat de mensen ontzag voor Hem hebben. 15 Wat is, was tevoren al; wat zijn zal, is vroeger al geweest. God haalt wat voorbij is steeds weer terug.

In de conclusie horen we hetzelfde refrein als op het einde van vorig hoofdstuk: Eet en drink en geniet, en onderken hoe dit "een gave van God" is. Tegelijk herneemt Prediker zijn reeds eerder gemaakte vaststelling: "Wat is, was tevoren al; wat zijn zal, is vroeger al geweest," en ook hier heeft God er geheimzinnig de hand in. Niets meer kan gezegd worden, ook niets minder, vindt onze denker.

Hier past het een lied van Huub Oosterhuis aan te halen. Het vormt een nieuw gedicht dat echoot met de tegenstellingen uit dit derde hoofdstuk van Prediker, maar dat in zijn laatste strofe de lijn naar het Nieuwe Testament doortrekt. Dit is een origineel herbespelen van wat Prediker zei, maar ook een verlaten van het perspectief op het niet weten dat zo sterk benadrukt wordt in onze tekst. Prediker laat alles open. Oosterhuis breit verder en verlaat tegelijk het enigmatische slot van de oorspronkelijke tekst.

### *Tijd van leven*

*Tijd van vloek en tijd van zegen*
*tijd van droogte tijd van regen*
*dag van oogsten tijd van nood*
*tijd van stenen tijd van brood.*
*Tijd van liefde nacht van waken*
*uur der waarheid dag der dagen*
*toekomst die gekomen is*
*woord dat vol van stilte is.*

*Tijd van troosten tijd van tranen*
*tijd van mooi zijn tijd van schamen*
*tijd van jagen nu of nooit*
*tijd van hopen dat nog ooit.*
*Tijd van zwijgen zin vergeten*
*nergens blijven niemand weten*
*tijd van kruipen angst en spijt*
*zee van tijd en eenzaamheid.*

*Wie aan dit bestaan verloren*
*nieuw begin heeft afgezworen*
*wie het houdt bij wat hij heeft*
*sterven zal hij ongeleefd.*
*Tijd van leven om met velen*
*brood en ademtocht te delen –*
*wie niet geeft om zelfbehoud*
*leven vindt hij honderdvoud.*

Een fijnere analyse van het lied zou laten zien hoe reeds in de eerste strofe de dichter als een christen de tijdsbeleving invult, met die "dag der dagen", die "toekomst die gekomen is" en dat "woord dat vol van stilte is". Het gedicht van Prediker ondergaat als van zelf een christelijke wending wanneer Oosterhuis het zich toeëigent en het in alle vrijheid herbespeelt.

## 3,16-4,3

3,16 Nog iets anders zag ik onder de zon: op de plaats van het recht heerst onrecht, op de rechterstoel zit de schuldige. 17 Ik zei bij mezelf: God oordeelt over goeden en slechten. Want elk ding, elk werk heeft zijn tijd. 18 Ik zei bij mezelf: God geeft de mensen wel een eigen plaats maar laat ze toch merken dat ze eigenlijk dieren zijn. 19 Want éénzelfde lot treft mensen en dieren: beiden ademen hetzelfde leven, beiden sterven dezelfde dood. De mens heeft dus niets voor op het dier. Alles is ijdel. 20 Beiden gaan naar dezelfde plaats: ze zijn voortgekomen uit stof en keren terug tot stof.

21 En wie weet of de levensgeest van de mens omhoog gaat en die van het dier omlaag naar de aarde? 22 Zo besefte ik dat het voor de mens nog het beste is te genieten van zijn werk. Dat is het enige wat hij heeft. Niemand kan hem immers laten genieten van wat na hem komt!

4,1 Ook werd ik getroffen door al de onderdrukking die er heerst onder de zon. Onderdrukten zie je in tranen, maar niemand die ze troost. Ze gaan gebukt onder de macht van verdrukkers, maar niemand die ze troost. 2 Daarom zeg ik: Wie dood en begraven is, is beter af dan een die nog leeft. 3 Maar het beste af is hij die nooit werd geboren; hij hoeft al dat ellendig gedoe onder de zon niet mee te maken.

Van nu af krijgen we een reeks observaties te lezen: Prediker beschouwt het complexe menselijke sociale gedrag. Telkens beginnen de paragraafjes met een zeer zelfbewuste instap: 'Ik zag...' of 'Ik werd getroffen...' Na zijn vaststellingen, komt hij dan tot zichzelf, en zegt opnieuw zeer zelfbewust: 'Ik zei tot mezelf', of letterlijker: 'Ik zei tegen m'n hart'. We treden binnen in zijn keuken waar hij de schotels klaar zet, met alle ingrediënten. De twee refreinen: 'alles is ijdel' en 'het is nog het beste voor de mensen te genieten van zijn werk' keren hier steevast terug (zie 3,19 en 3,22). Tegelijk stelt Prediker nieuwe vragen: waar ligt de grens tussen mens en dier? Men kan zich beroepen op Genesis, waar toch staat dat de mens geschapen is naar Gods beeld en gelijkenis, maar in dat zelfde boek, een tweetal hoofdstukken verder, lezen we hoe de mens, 'gemaakt uit het stof, naar het stof terugkeert', en op dat punt is er toch geen verschil met het dier? Prediker stelt vragen, vele vragen. Hij geeft weinig of geen antwoorden. De wijze leert leven met vragen, ook met de onoplosbare, niet om ze vroeg of laat toch met een kwinkslag 'op te lossen' maar om minder ideologisch in het leven te staan, armer en meer verzoend met het eigene van de mens. De mens is een dier dat weet dat hij niet weet. Dit besef doet hem echter niet vluchten in de dood – Prediker blijkt geen enkel ogenblik bekoord tot zelfmoord als dusdanig – maar leert de mens het leven én de dood nog anders in het gelaat te zien.

## 4,4-16

4,4 Ook zag ik dat alles wat mensen tot stand brengen, op onderlinge naijver berust. Ook dat is ijdel en grijpen naar wind. 5 Zeker: de dwaas zit met zijn handen over elkaar en ruïneert zo zichzelf. 6 Maar: beter een handjevol rust dan handenvol zwoegen en grijpen naar wind. 7 Nog zag ik iets ijdels onder de zon. 8 Iemand staat alleen, hij heeft geen zoon of geen broer; niemand heeft hij naast zich. Toch zwoegt hij zonder ophouden en is met zijn rijkdom nooit tevreden. Voor wie beul ik me eigenlijk af en ontzeg ik mij zoveel goede dingen? Ook dat is ijdel, een zinloos gedoe. 9 Je kunt beter met tweeën zijn dan alleen; dan heb je iets aan je moeite. 10 Als de één valt helpt de ander hem op de been. Maar ongelukkig de alleenstaande die valt: hij

> heeft niemand om hem overeind te helpen. 11 En: twee die bij elkaar slapen hebben het warm. Maar hoe moet iemand die alleen ligt het warm krijgen? 12 Iemand alleen kan overweldigd worden, maar met z'n tweeën kun je een aanvaller baas. Een driedubbel koord krijg je heel moeilijk stuk. 13 Beter een arme jonge man die wijs is dan een oude koning die dwaas is en geen enkele raad meer aanneemt. 14 Ik denk aan zo iemand, die na zijn gevangenschap koning werd en nog wel van het land waar hij arm was geboren. 15 Ik zag hele menigten, alle levenden onder de zon, partij kiezen voor die jongeman die de plaats van de oude koning innam. 16 Het volk was niet te tellen, iedereen liep achter hem aan. Maar later waren ze ook over hem niet meer tevreden. Ook dat is ijdel en grijpen naar wind.

Dit fragment is omlijst met het centrale refrein van het hele boek: 'Ook dat is ijdel en grijpen naar wind' (4,4 en 4,16). Binnen deze eenheid krijgen we een reeks nuchtere conclusies in de trant van: 'dit is dan toch beter dan dat', zoals de volkse wijsheid in alle culturen er gesmeed heeft: 'Beter één vogel in de hand dan zeven in de lucht' of nog: 'Beter iets dan niets'; 'beter een kwaad been dan geen'; 'beter een goede buur dan een verre vriend' of 'beter een geestige dwaas dan een dwaze geest'. We zullen bij Prediker nog meer van die spreuken tegenkomen, telkens met de tegenstelling 'goed (*tov*) is dit meer dan dat...'. Ze zijn niet eens zo origineel, en gelijken op wat we in de grotere voorraad van schoolse wijsheid verzameld vinden in het boek der Spreuken.

Toch luistert iedereen graag naar die stem van het gezonde verstand. Niemand wil een belachelijk figuur slaan of bedrogen thuis komen. Ook Jezus spreekt zijn tijdgenoten niet zelden op die wijze aan: 'Wees toch niet dwaas!', zegt hij vaker. 'Wie onder u als hij dit of dat tegenkomt, zal dan niet terstond dit of dat doen, ook al zou het om die of die reden moeilijk zijn...' De vraag is telkens retorisch. Niemand doet zo dom dat hij er potsierlijk voor aller ogen bij staat. Vanuit die eerste logica stoot Jezus dan door naar de logica van het Rijk Gods. Bij Prediker moeten we echter op onze hoede zijn: plots heeft hij ons beet en stelt hij dingen voor ('beter dan') die we net omgekeerd hadden willen horen. Bij elke analoge formule, is het altijd goed de dingen te herlezen: wie weet wil hij ons net iets verder brengen dan wat gehoorzaamt aan de zwaartekracht van het gangbare gezonde verstand.

> Je kunt beter met tweeën zijn dan alleen; dan heb je iets aan je moeite. Als de één valt helpt de ander hem op de been. Maar ongelukkig de alleenstaande die valt: hij heeft niemand om hem overeind te helpen. En: twee die bij elkaar slapen hebben het warm. Maar hoe moet iemand die alleen ligt het warm krijgen? Iemand alleen kan overweldigd worden, maar met z'n tweeën kun je een aanvaller baas. Een driedubbel koord krijg je heel moeilijk stuk (4,9-12).

Deze vier verzen zijn eveneens beroemd. Ze lenen zich voor meer dan één interpretatie.

In de joodse traditie slaat dit 'driedubbele koord' dat maar moeilijk stuk te krijgen is, op de mens die leeft uit de hele traditie: Torah, Mishnah en Talmoed. De echte leerling (*talmid*) stelt zich niet tevreden met een deel ervan, zij het de oorsprong of het fundament. Hij neemt er de hele dialectiek van de vele interpretaties in Mishnah en Talmoed bij. Zo is hij goed gewapend en raakt niet vlug van zijn stuk, verzekert de traditie zelf, in de Talmoed. (Zie *bQiddushin* 41a, Mishnah 1,10.) In de Targoem ziet men de kracht van het verzet van twee rechtvaardigen tegen één zondaar, en als rechtvaardigen met z'n drieën één zijn in vrede, wie kan hen weerstaan?

In de christelijke exegese zal een Hiëronymus niet aarzelen om de Triniteit hier in de tekst te lezen. Evagrius, in zijn korte *Scholieën* op Prediker, noteert: "Wie 'alleen machtig is geworden' is Satan. De twee die hem weerstaan zijn de mens met de engel Gods die deze bijstaat. Na de overwinning op de Satan wordt de mens waardig bevonden van de kennis van God, de gnosis. Een 'driedubbel koord' is dus het intellect dat vrij is van passies en vervuld van de geestelijke kennis, of nog het wijze intellect, bijgestaan door de engel Gods, - die engel die voortdurend Gods gelaat ziet en ook de patriarch Jakob zijn levenlang heeft bijgestaan." (Zie Mt. 18,10 en Gen. 48,16). Evagrius voegt eraan toe: "Terecht zegt de tekst '*niet gemakkelijk* stuk te krijgen' want de redelijke natuur is onstandvastig."

"Twee zijn een leger tegen wie alleen staat" zegt een IJslandse spreuk. Hoe zouden wij die één, twee en drie herkenbaar invullen vanuit onze ervaring?

## 4,17-5,6

4,17 Let op wat je doet als je naar het huis van God gaat. Erheen gaan om te luisteren is verstandiger dan er offers te brengen zoals de dwazen: ze beseffen het niet eens wanneer ze kwaad doen.

5,1 Als je voor God staat, wees dan niet te vlug met je tong en spreek niet overijld. Want God is in de hemel en jij bent op aarde. Wees daarom zuinig met je woorden. 2 Want te veel werk leidt tot gedroom en te veel praten tot gebazel. 3 Heb je God een belofte gedaan, volbreng ze dan zonder uitstel. Hij houdt niet van dwazen. Wat je beloofd hebt moet je volbrengen. 4 Je kunt beter niets beloven dan een gedane belofte niet nakomen. 5 Zorg dat je door je mond geen schuld op je laadt om dan tegen de priester te zeggen dat het een vergissing was. Waarom zou je God ontstemmen en Hem het werk van je handen teniet laten doen? 6 Dromen en ijdele woorden zijn er genoeg. Vrees liever God.

Deze verzen betreffen de wijsheid van ons omgaan met God, met name als we naar de tempel gaan. Volgens Norbert Lohfink zijn deze de meeste centrale verzen van het hele boek. Al de rest draait in concentrische cirkels rond die zeven verzen.

```
A: 1,2-3 -----omlijsting
B: 1,4-11 ---------kosmologie (+gedicht)
C: 1,12-3,15-----------antropologie
D: 3,16-4,16--------------maatschappijkritiek I
E: 4,17-5,6--------------------godsdienstkritiek (+gedicht)
D: 5, 7-6,10----------------maatschappijkritiek II
C: 6, 11-9,6-----------ideologiekritiek
B: 9, 7-12,7-------ethiek (+gedicht)
A: 12,8-------omlijsting
```

Als je naar de tempel gaat, wat dan? De nuchtere Prediker zegt niet alleen dat we zuinig moeten zijn met onze woorden (5,1). Hijzelf is hier uiterst zuinig met zijn raadgevingen. 'God is in de hemel, en jij bent op aarde'. Hier citeert Prediker een bekend lied, een psalmvers dat in de tempel werd gezongen (zie Ps. 115,16). Maar hij leidt er een realistische conclusie uit af. Verspreek je mond niet met ijdele beloften. Vrees God. Korter en gevatter kan niet. Dat is de hele godsdienstigheid. Niets minder en niets meer. In het nawoord van het hele boek zullen we die kerngedachte nog eens geformuleerd vinden, nu door de uitgever herijkt: "Om te besluiten, nu je alles hebt gehoord: *vrees God* en onderhoud zijn geboden; *daar komt voor een mens alles op aan.*" (12,13). Dit is pas de hele mens, zo had ook Prediker zelf het kunnen geschreven hebben. De vreze des Heren is het begin van de wijsheid, leert ons de hele traditie. Bij Prediker is die heilige schroom ook het laatste woord en de steevaste conclusie van al zijn beschouwingen. (Zie ook 3,14; 7,18; en vergelijk met Mc. 16,8.)

Noteren we nog de kostbare uitdrukking bij het begin: 'Naderen om te horen' (4,17, net iets letterlijker vertaald dan: 'erheen gaan om te luisteren'). Dat is pas de goede manier om naar Gods huis te gaan. Deze uitdrukking werd ooit als titel gekozen van een rijke bijbels-catechetische reeks voor het middelbaar onderwijs (uitgegeven bij Gooi en Sticht). Wie naar het altaar gaat, laat hij eerst God een kans geven om zelf te spreken. Ook deze bescheiden wenk van de nuchtere en ontnuchterende Prediker doet meer deugd dan we misschien op eerste zicht zouden willen toegeven.

'God houdt niet van dwazen' en Prediker blijkbaar evenmin. Niettemin: hoe weet je dat? Hoe weet je dat met zo'n stelligheid, beste Prediker?

## 5,7-8

> 5,7 Als je ziet dat in een bepaald gebied de kleine man onderdrukt wordt en dat recht en rechtvaardigheid worden verkracht, verbaas je dan niet. Want ambtenaren nemen elkaar in bescherming tot de hoogsten toe. 8 Bij dit alles is er nog één geluk voor een land: een koning die bekommerd is om de landbouw.

Deze korte beschouwing betreft opnieuw de kwestie van het koninklijke gezag. Corruptie en onderlinge bescherming binnen de hiërarchie van uitbuiters, Prediker heeft het allemaal opgemerkt. Hij is niet meer verwonderd, en blijft enkel hopen op een minimale wijsheid bij koningen en hooggeplaatsten, dat ze namelijk de landbouw niet verwaarlozen. Want dan heeft tenminste het gewone volk iets te eten. Niet iedereen zal zijn vrijmoedigheid politiek als 'correct' ondervonden hebben. Hier spreekt hij hoe dan ook niet meer als 'koning' en 'zoon van David' (zie 1,1 en 1,12) maar als een vrijdenkend mens.

Wie wat thuis is in de taoïstische literatuur zal hier veel overeenkomsten vinden met die taoïstische meesters die de keizer en zijn hoge hiërarchie vrijpostig durven te bekritiseren en ook opkomen voor de landbouw, in dienst van het gewone volk. Joodse wijzen spreken doorgaans vleiender over de koning, zoals in dit gezegde uit Spreuken 30,29-31:

> Drie zijn er, die een statige tred hebben,
> en vier een voorname gang:
> de leeuw, de held onder de dieren;
> hij maakt voor niemand rechtsomkeert;
> de haan, de bok
> en de koning, vergezeld van zijn krijgsvolk.

## 5,9-19

5,9 Wie uit is op geld heeft nooit genoeg en wie uit is op rijkdom wil altijd meer. Ook dat is ijdel. 10 Hoe groter je bezit, hoe meer profiteurs. En wat heb je er als eigenaar aan? Je kunt er naar kijken, meer niet. 11 Iemand die werkt slaapt goed, of hij nu veel of weinig te eten heeft. Maar een rijke heeft zo'n overvloed dat hij niet rustig kan slapen. 12 Nog een grote narigheid zag ik onder de zon: iemand pot rijkdommen op en dan gaat het verkeerd. 13 Door tegenslag raakt hij alles kwijt, en zijn kinderen staan met lege handen. 14 Zoals een mens uit de schoot van zijn moeder gekomen is moet hij terug: even naakt. Van zijn bezittingen kan hij niets meenemen. 15 Inderdaad, het is erg pijnlijk: net zoals hij gekomen is moet hij weer gaan. Wat heeft hij dan bereikt? Hij heeft gezwoegd voor niets. 16 Troosteloos was zijn hele bestaan, vol ergernis, ellende en bitterheid. 17 Maar iets goeds heb ik toch ontdekt. Wat deugd doet is eten en drinken en van het goede genieten bij alle zwoegen en tobben onder de zon, de korte tijd die God je toemeet. Dat is het enige wat je hebt. 18 Inderdaad, als God je welstand en rijkdom schenkt en je de kans geeft ervan te profiteren, als je je deel krijgt en gelukkig bent bij al je werk, dan is dat een gave van God. 19 Je denkt dan niet voortdurend aan de kortheid van je bestaan: God geeft je zoveel dat je er helemaal in opgaat.

De mens in zijn rijkdom beseft zelden hoe zijn leven precair blijft en hoe hij in geen geval iets van al zijn bezittingen naar de overkant zal kunnen meenemen. Prediker betokkelt hier een snaar die ook elders in de Bijbel even ironisch bespeeld wordt. Denken we maar aan de wijsheidspsalm 49, of zelfs aan sommige parabels van Jezus, in het evangelie volgens Lucas.

"De mens blijft in zijn rijkdom niet wonen: als een stom beest komt hij aan zijn eind..." (Zie Ps. 49,13 en 49,21)

"Dwaas, nog deze nacht komt men je ziel van je opeisen en al die voorzieningen die je getroffen hebt, voor wie zijn die dan? Zo vergaat het met iemand die schatten verzamelt voor zichzelf en niet rijk is bij God." (Lc. 12,20-21; vergelijk dat ook met, hier in Prediker, 16,9 en 16,19-31).

Op het einde van die kritische en ontnuchterende beschouwingen aarzelt Prediker niet om opnieuw het dankbare genieten aan te prijzen: eten en drinken en van het goede genieten, dat is het enige wat je hebt, en ook dat is een gave van God. Een diepe herschikking van de waarden brengt de mens – al dan niet welstellend, het verschil maakt weinig uit, in dit kortstondige bestaan onder de zon – tot die zeer onmiddellijke dankbare ontvankelijkheid van het goede dat we mogen genieten. Prediker herinnert er ons aan: het komt uit Gods hand, en soms laat God ons er zozeer in opgaan dat we vergeten hoe kort en triestig dit bestaan wel is. Zo verrassend is God in het geven van vreugde, soms, even. Prediker getuigt hier van zijn zuiverste Godsgeloof, ook binnen de dichtste mist van al het niet weten dat een mensenbestaan kenmerkt.

## 6,1-11

6,1 Ik zag nog een ander kwaad onder de zon, waar de mensen zwaar onder lijden. 2 God geeft iemand rijkdom, welstand en aanzien, alles wat hij maar wensen kan. Maar God laat niet toe dat hij ervan geniet en een vreemde maakt alles op. Dat is ijdel, een trieste zaak. 3 Iemand mag honderd kinderen hebben en nog zo lang leven, als hij al die tijd niet van het goede kan genieten en niet eens een begrafenis krijgt, dan zeg ik: een misgeboorte is beter af dan hij. 4 Zo'n kind komt ter wereld voor niets en naamloos verdwijnt het in het duister. 5 Het heeft nooit de zon gezien, het heeft nergens weet van en kent dus veel meer rust dan die man. 6 Dit geldt zelfs als iemand tweeduizend jaar zou leven, zonder het geluk te vinden. Gaan allen tenslotte niet naar dezelfde plaats? 7 De mens zwoegt aldoor om zijn honger te stillen, maar hij heeft nooit genoeg. *(vgl. Spr 16, 26)* 8 Wat heeft een wijze voor op een dwaas; wat heeft een arme eraan te weten wat er in de wereld te koop is? 9 Beter genieten van wat je pakken kunt dan begerig achter iets aan blijven lopen. Ook dat is ijdel en grijpen naar wind. 10 Wat is, werd lang geleden vastgesteld; men weet dat een mens het niet kan opnemen tegen de Sterkere. 11 Hoe meer woorden, hoe meer onzin. En wat heb je daaraan? 12 Niemand weet immers wat goed is voor de mens in dit ijdel, kortstondig bestaan dat als een schaduw voorbijgaat. En niemand kan hem vertellen wat er na hem komt onder de zon.

Een nieuwe vaststelling bij het nagaan van wat er in een mensenleven kan gebeuren. Het betreft precies iemand die rijk is en alles wat hij maar wensen kan bezit. De narcistische droom van hoofdstuk 1 en 2 komt dus opnieuw om de hoek kijken. Maar het tij keert: de levensomstandigheden, ja '*God maakt*' dat die mens er zelf niet van kan genieten, maar dat een vreemde beslag legt op alles. Dan komt een analoog geval van iemand die honderd kinderen zou hebben gehad (we denken spontaan weer aan Salomo met zijn zovele vrouwen, die hem zovele zonen en dochters gaven), en toch het geluk niet vindt. Kras stelt Prediker daartegenover het geluk ("beter") van de misgeboorte. In een bijna hopeloze regressie schetst de denker dit bestaan dat het daglicht nooit zag maar dus ook niets van al de miserie heeft gekend dat een mensenbestaan kenmerkt, van begin tot einde. We komen in de buurt van de eerste grote klacht van Job. (Zie Jb. 3,11 en 3,16: "Waarom in de schoot niet gestorven...?" en "Of was ik maar in de grond gestopt als een misgeboorte...")

Tussendoor gooit Prediker er een klassieke spreuk in het midden (7a; 9a; 11a), niet om die danig te bevestigen maar eerder om het ijle van veel traditionele wijsheid nog scherper te laten uitkomen, laat staan om tot in die spreuken dezelfde gedachte van ijdelheid te laten horen. Hij is hier bewust ironisch bezig, zoals blijkt uit zijn commentaar op vers 9a. Zo wordt de erkenning van de diepste ijdelheid van alles, zelfs van het gezonde verstand met de klassieke reddingsboeien, steeds meer onontkoombaar. Elke nieuwe paragraaf komt dit nog eens krachtig bevestigen.

## 7,1-14

7,1 Een goede naam is beter dan goede parfum, een sterfdag beter dan een geboortedag. 2 Je kunt beter naar een begrafenis dan naar een feest gaan. Want de begrafenis is het einde van iedere mens en de levenden doen er goed aan dat te bedenken. 3 Je kunt beter huilen dan lachen. Want achter een treurig gezicht kan een opgewekt gemoed schuilgaan. 4 Iemand die wijs is gaat liever naar een begrafenis, een dwaas veeleer naar een feest. 5 Je kunt beter luisteren naar de verwijten van een wijze dan naar de toejuichingen van dwazen. 6 Het lachen van dwazen is als het geknetter van dorens onder een ketel. Ook dat is ijdel. 7 Chantage brengt een wijs man tot dwaze dingen en door steekpenningen wordt hij corrupt. 8 Beter iets aan het einde beoordelen dan aan het begin, beter geduldig zijn dan verwaand. 9 Wind je niet al te gauw op; zich opwinden is eigen aan dwazen. 10 Vraag niet waarom de tijden vroeger beter waren dan nu; zoiets vragen getuigt niet van wijsheid. 11 Wijsheid is beter dan bezit, iedereen die de zon ziet heeft daar baat bij. 12 Wijsheid en geld geven beide beschutting. Maar de wijsheid heeft dit voor; ze houdt hen die haar bezitten in leven. 13 Wat het werk van God betreft: wie kan recht maken wat Hij krom heeft gemaakt? 14 Heb je een goede dag, geniet ervan. Heb je een kwade dag, bedenk dan dat God ook die gemaakt heeft. Hij wil eenvoudig niet dat de mens achterhaalt wat de volgende brengt.

Dit gedicht over wat goed en beter is, staat op kop van een nieuw gedeelte in het boek. Sommige exegeten zien hier inderdaad de aanhef van de tweede helft van Prediker.*

---

* Het boek telt 222 verzen, dit is 2 x 111. Het woord 'hebel' ('ijdel', 'leeg') komt er 37 keren voor. 111 = 3 x 37. Vanuit dergelijke vaststellingen wilde A.G. Wright het midden van het boek in 6,9 plaatsen. Dit is allesbehalve bewezen, alleen al door het feit dat het aantal keren 'hebel' voorkomt, niet vaststaat:

Poëtisch geijkte spreuken, al dan niet traditioneel, alterneren met persoonlijke beschouwingen van de uitgever, in proza. Tot zevenmaal toe horen we een spreuk over wat 'beter' is tegenover een ander 'goed'.

We staan hier voor een oefening in het denken, een zoeken naar een waardeschaal waarbij we wijzer en gezonder, laat staan gelukkiger in het leven komen te staan. We weten allen uit ervaring dat vaak de keuze die op ons afkomt, er niet altijd één is tussen goed en kwaad, maar wel tussen goed en goed. Wat is echt beter, uiteindelijk en op de lange duur? De wijze leraar Prediker waagt zich aan enkele verrassende keuzes. Willen we hem hierin volgen?

Ook hier moet de narcist van vroeger en nu het onderspit delven. Prediker geeft hem niet veel ruimte: de dood in het gelaat zien liever dan de roes van het feest te ondergaan, de verwijten aanhoren meer dan complimenten en vleierijen, geduldig blijven in plaats van zich op te winden en uit te vliegen, dat is volgens hem pas een wijsheid die die naam waardig is.

De monastieke traditie zal dit soort tegenstellingen met een eigen nadrukkelijkheid overnemen. Wie meent monnik te zijn maar elk verwijt verfoeit, heeft nog niets geleerd, zeggen de Vaders. Je moet leren van beledigingen te houden als van loftuitingen, onderrichten ze met Makarius, Mozes en Poimên. Eén voorbeeld kan hier volstaan:

---

sommigen tellen het woord 38 keren; en in feite is in 5,6 en 9,9 het woord niet met zekerheid geattesteerd. Vergelijk met het eerder vermeldde schema van Lohfink.

Abt Poimên zei: "Ik woonde bij een grijsaard die Ansokis heette. Er kwam eens een zuster bij hem die zei: 'Abba, ik heb gedurende tweehonderd weken telkens zes dagen lang gevast, en ik heb het Oude en het Nieuwe Testament vanbuiten geleerd.' De grijsaard zei haar: 'Heb je van verwijten gehouden als van lofbetuigingen?' Zij antwoordde hem: 'Helemaal niet.' Hij vroeg haar opnieuw: 'Heb je van armoede gehouden als van rijkdom, en van beledigingen als van lof en voordeel? Heb je ontberingen liefgehad als de grootste overvloed en moeite als verpozing?' En zij antwoordde: 'In geen geval.' Toen zei de grijsaard haar: 'Als je dat niet gedaan hebt, ga en doe het dan; wel leg ik je boete op, want zelfs niet één keer heb je zes dagen gevast, en het Oude en het Nieuwe Testament ken je niet.'"

De eerste spreuk van dit zevende hoofdstuk klinkt bijzonder leuk in het Hebreeuws: *Tov shem mishemen tov*. 'Goed een naam, meer dan goede faam (olie)'. Naam (*shem*) en wezen staan tegenover faam en parfum (*shemen*). In de eerste strofe van het Hooglied krijgen we een analoog woordenspel op naam en parfum/olie (*shem, shemen*): "Uw zalven zijn heerlijk om te ruiken, de klank van uw naam (*shem*) is als rijk parfum (*shemen*); daarom hebben de meisjes u lief." (Hoogl. 1,3)

De laatste zin is eveneens interessant: het thema van het genieten daagt hier weer op, maar niet mechanisch. Prediker weet zijn formules te variëren, en bovendien laat hij daarbij de naam van 'God' wel graag vallen, al is het om te onderstrepen dat wat Hij in het schild voert ons ontsnapt, hoezeer Hij er dan toch telkens de hand in heeft. Het genieten krijgt er een diepte door die we best *niet* missen.

## 7,15-29

7, 15 Beide dingen heb ik meegemaakt in mijn ijdel bestaan: rechtvaardige mensen die omkomen ondanks hun rechtvaardigheid en slechte mensen die lang leven ondanks hun slechtheid. 16 Wees dus niet al te rechtvaardig en doe niet al te wijs. Je zou wel eens bedrogen uit kunnen komen. 17 Maar leef ook niet al te slecht en handel niet als een dwaas. Je zou dood kunnen gaan voor je tijd. 18 Het beste is het ene vast te houden en het andere niet los te laten. Wie God vreest houdt het juiste midden. 19 Een wijze staat door zijn wijsheid veel sterker dan een heel stadsbestuur. 20 Geen mens ter wereld is zo rechtvaardig dat hij alleen maar goed doet en nooit verkeerd. 21 Verder: schenk geen aandacht aan het gepraat van de mensen; anders hoor je nog hoe je slaaf je verwenst. 22 En je weet best hoe vaak je zelf anderen hebt verwenst. 23 Zo heb ik in alles naar wijsheid gezocht. Ik dacht: "ik wil wijs worden." Maar de wijsheid bleef buiten mijn bereik. 24 Al wat bestaat is onbereikbaar en onpeilbaar diep. Wie kan erbij? 25 Ik heb er mij met alle zorg en ijver op toegelegd om erachter te komen wat wijs en verstandig is en heb alleen maar ontdekt dat boosheid dom en dwaasheid onverstandig is. 26 Sommige vrouwen zijn, volgens mij, nog erger dan de dood. Ze

> zijn een vangnet, hun hart is een val en hun handen zijn
> boeien. Wie Gods gunst geniet ontsnapt eraan, maar
> de zondaar raakt erin verstrikt. 27 Dit, zegt Prediker,
> heb ik bij mijn zoeken naar inzicht geleidelijk ontdekt.
> 28 Ik zocht nog verder, maar zonder veel resultaat. Een
> man op duizend kon ik nog vinden, maar niet één
> enkele vrouw op de duizend. 29 Tenslotte heb ik alleen
> dit gevonden: naar Gods bedoeling is het leven
> eenvoudig, maar de mens haalt zich van alles in 't
> hoofd.

In de tweede helft van hoofdstuk 7 krijgen we korte, snedige opmerkingen, soms in een ketting aan elkaar gebonden zoals van vers 19 tot 25. Prediker breekt met de waan van elk volmaaktheidsideaal. Zijn uitgangspunt is dat er zowel niemand is die nooit faalt, als dat sommige onrechtvaardigen lang en ongestoord mogen leven, terwijl rechtschapen en observante mensen omkomen. Hij vermijdt elk exces, en komt terug op het enige dat in zijn ogen telt: 'Vrees God!' (7,18)

De allerlaatste paragraaf heeft het over vrouwen. De klassieke wijsheidsleer scherpt in jonge mensen de levenskunst aan om met alles goed om te gaan: zowel aan tafel met groten in deze wereld, als met wijn, of ook nog met vrouwen, met zijn eigen tweede helft en met 'vreemde vrouwen'. (Zie ook het hele traktaat in Spreuken 1 tot 9, met de uitgewerkte tegenstelling tussen Vrouwe Wijsheid en Vrouwe Dwaasheid.) "Drink het water uit je eigen put," is een beeldspraak die aan de jonge man leert het te houden bij zijn eigen vrouw en niet 'op straat' en op 'openbare plaatsen' op zoek te gaan (zie Spr. 5,15-19).

Even wil Prediker ook over dat onderwerp iets kwijt. Misschien heeft hij bij die gelegenheid opnieuw het masker van Salomo opgezet, de koning met zijn ontelbare vrouwen: *'Eén mens op de duizend kon ik nog vinden, maar één vrouw op allen niet!'* (letterlijk vertaald). Over deze verzen zijn heel geleerde dingen geschreven. Hoezeer was Prediker (maar wellicht ook en vooral de hele traditie waarin hij stond) regelrecht een vrouwenhater?[*] (Vergelijk ook met Spr. 21,9; 21,19 en 27,15. Sommige commentaren brengen hier het historische voorbeeld van Socrates en Xantippe in herinnering, of citeren de krasse uitspraken van de cynicus Diogenes.) Maar wellicht moeten we hem vooral met het zout van de ironie verstaan: hoe ironisch wil hij de waanbeelden van de groten met hun ongebreidelde verlangens nog eens doorprikken? Noteer hoe ook in die paragraaf 'God' tot tweemaal toe wordt genoemd, en wel in relatie tot niet alleen de vrouw maar ook de Adam, de mens in het algemeen. Bij zijn eigen vrouw heeft Prediker het blijkbaar niet zo slecht gehad, als we lezen wat er in 9,9 staat: "Geniet van het leven met de vrouw van je hart, heel het ijdel en kortstondig bestaan dat God je geeft onder de zon. Dat is het enige wat je hebt in dit leven voor al je zwoegen en tobben onder de zon." Goddank.

---

[*] De vraag werd uitdrukkelijk behandeld in de grondige bijdrage van Norbert Lohfink, op het eenenvijftigste bijbels Colloquium te Leuven in 1978. Zie 'War Kohelet ein Frauenfeind? Ein Versuch, die Logik und den gegenstand von Koh 7, 23 – 8, 1a herauszufinden' in *La Sagesse de l'Ancien Testament* (uitg. M. GILBERT), BETL 51, Leuven 1979, pp. 259-287.

## 8,1-17

8,1 Wie is werkelijk wijs en wie kent de verklaring der dingen? Wijsheid doet het gezicht stralen en neemt de harde trekken weg. 2 Doe wat de koning beveelt, denk aan je eed van trouw. 3 Ga niet voortijdig bij hem vandaan, maar blijf hem ook niet lastig vallen met vervelende kwesties. Hij doet alles toch naar eigen goeddunken. 4 Het woord van de koning is nu eenmaal wet. Wie zou hem durven vragen: "Wat doet U?" 5 Wie zich aan de voorschriften houdt, krijgt geen moeilijkheden. Een wijs man voelt aan wanneer en hoe gehandeld moet worden. 6 Want voor alles is er een juiste tijd en een juiste aanpak, hoewel de mens grote risico's loopt. 7 Hij weet immers niet wat komen gaat. En wie zou hem dat kunnen vertellen? 8 Geen mens is bij machte de wind tegen te houden, evenmin heeft hij de macht over de dag van zijn dood. In de oorlog krijgt niemand verlof en de bozen worden niet gered door hun boosheid. 9 Dit is het besluit van mijn bezinning over wat er gebeurt onder de zon, zolang de ene mens macht heeft over de andere, tot diens ongeluk. 10 Verder zag ik dat misdadigers een begrafenis krijgen, maar mensen die goed leven moeten weg van de heilige plaats en worden in de stad vergeten. Ook dat is ijdel. 11 Omdat slechte dagen niet onmiddellijk worden bestraft, is de mens steeds uit op het kwaad. 12 De zondaar blijft immers leven, ook al doet hij honderd keer kwaad. Ik weet wel dat ze zeggen: Wie God vreest zal het goed gaan juist omdat hij God vreest. 13 De boze daarentegen zal het slecht gaan, hij leeft maar kort, als een schaduw, juist omdat hij God niet vreest. 14 Maar in de wereld doet zich de ongerijmdheid voor dat er rechtvaardigen zijn die het vergaat als de bozen en bozen die het vergaat als de rechtvaardigen. Ik zei: ook dat is ijdel. 15 Daarom prees ik de vreugde, want het beste voor de mens onder de zon is nog: eten en drinken en blij zijn. Dat is het enige wat hij heeft bij al zijn gezwoeg, heel het korte bestaan dat God hem geeft onder de zon. 16 Ik zocht naar wijsheid en naar de zin van de moeite die de mens zich op aarde getroost. Zelfs als hij zich overdag en 's nachts geen rust gunt, 17 dan nog, stelde ik vast, krijgt hij geen inzicht in het werk van God, in alles wat er gebeurt onder de zon. Hoe hij zich ook inspant, tot inzicht komt hij niet. Zelfs de wijze is daartoe niet in staat, ook al beweert hij van wel.

De korte wijsheidscatechesen volgen elkaar op. Dit achtste hoofdstuk begint met een algemene beschouwing over de wijsheid en eindigt ook met een persoonlijk getuigenis over Predikers zoeken naar wijsheid. In verzen 2 tot 9 gaat het over de juiste verhouding tot de koning of de mensen die met macht bekleed zijn. Prediker zelf spreekt als een leraar in wijsheid en niet meer als "de zoon van David, koning in Jeruzalem." (Zie 1,1 en 1,12.) Principes of inzichten die hij al eerder formuleerde schakelt hij hier opnieuw in, maar nu toegepast op de behandelde kwestie: het omgaan met de machthebbers.

In de volgende paragraaf (8,10-15) keert hij terug op de vraag van de juiste vergelding: dat goeden beloond worden en kwaden gestraft, zoals Deuteronomium en de klassieke wijsheidsleer voortdurend poneren, wordt in de ervaring al te vaak tegengesproken. (Zie reeds 7,15 en vergelijk met Spr. 10,28 en 11,21.) Prediker leert die stelregel los te laten. Het dubbele refrein van zijn boek vormt het antwoord: "ook dat is ijdel" (8,10) en "eet, drink en geniet met blijdschap." (8,15) Noteren we nog terzijde: al is het bestaan inderdaad kort, Prediker houdt vast dat het als dusdanig 'gegeven' is, en wel 'door God'. (8,15) Het werkwoord 'geven' is in zijn boek zo vaak met God verbonden en omgekeerd. Waar God is, daar is een 'geven' aan de gang.

In de laatste paragraaf graaft de denker weer wat dieper: al is het zijn beroep de wijsheid te kennen en te onderrichten, Prediker geeft toe dat een mens 'geen inzicht in het werk van God krijgt'. Elke bewering van het tegendeel is voor hem larie en apekool. Het nederige weten dat men niet weet is het enige dat standhoudt. De wijze Agur die op het einde van het boek Spreuken zijn onwetendheid met grote stelligheid verkondigt, zou Prediker als een ware vriend hebben beschouwd:

> 'Woorden van Agur, de zoon van Jake, uit Massa.
> Godsspraak van die man:
> Ik heb mij vermoeid, o God!
> Ik heb mij vermoeid, o God, ik kan niet meer!
> Ik was dommer dan ooit een man was
> en menselijke kennis heb ik niet;
> ik heb geen wijsheid geleerd
> en ken ook niet de wetenschap van de Hoogheilige.
> Wie is ten hemel opgestegen en weer neergedaald?
> Wie heeft de wind in zijn handen gevat?
> Wie heeft het water in een kleed gebonden?
> Wie de grenzen van de aarde vastgesteld?

Hoe luidt zijn naam?
Hoe luidt de naam van zijn zoon, als u het weet?'
(Spr. 30,1-4)

## 9,1-10

9,1 Na dit alles te hebben overwogen heb ik duidelijk ingezien dat ook de rechtvaardigen en wijzen met al wat zij doen geheel van God afhankelijk zijn. Wacht hen liefde of haat? Geen mens weet het. Beide zijn mogelijk. 2 Allen wacht ook éénzelfde lot: rechtvaardigen en bozen, reinen en onreinen, hen die offers brengen en hen die er geen brengen. Het gaat de goeden net als de zondaars, degenen die eden afleggen net als wie dit vermijden. 3 Dat is het trieste van al wat gebeurt onder de zon: éénzelfde lot treft iedereen. Daarom is de mens steeds uit op het kwaad en zit zijn hoofd vol dwaze gedachten zolang hij leeft. Daarna is het toch gedaan. 4 Zolang iemand leeft is er nog hoop. Beter een levende hond dan een dode leeuw. 5 Levenden weten tenminste nog dat ze doodgaan, maar doden weten helemaal niets meer. Ze hebben niets meer te verwachten, zelfs hun naam wordt vergeten. 6 Hun liefde, hun haat en hun naijver: het is allemaal voorbij. Nooit meer hebben ze deel aan wat zich afspeelt onder de zon. 7 Eet daarom je brood met vreugde en drink je wijn met een opgewekt hart. Dat heeft bij voorbaat Gods zegen. 8 Ga altijd feestelijk gekleed en zorg steeds voor parfum op je hoofd. 9 Geniet van het leven met de vrouw van je hart, heel

> het ijdel en kortstondig bestaan dat God je geeft onder
> de zon. Dat is het enige wat je hebt in dit leven voor al
> je zwoegen en tobben onder de zon. 10 Grijp met beide
> handen de kansen die je nu krijgt, want in de
> onderwereld waarheen je op weg bent is het gedaan
> met denken en doen, met kennis en wijsheid.

Die eerste tien verzen van hoofdstuk 9 sluiten aan bij al het voorgaande, in 7 en 8 uiteengezet, en lijken een bredere conclusie te willen formuleren. De slotparagraaf (9,7-10) die het thema van het dankbaar genieten weer bespeelt, is rijker dan alle voorgaande paragraafjes waar dit thema voorkomt.

"Ga altijd feestelijk gekleed en zorg steeds voor parfum op je hoofd." Die feestelijke kledij is letterlijk: 'in witte gewaden'. Sommigen hebben van Prediker een pessimist gemaakt. Anderen beweerden dan weer dat hij een materialistische epicurist was, iemand die er alleen maar op uit zou zijn om grof te genieten van het leven, volgens de lijfspreuk: *carpe diem* ('profiteer van deze dag', want morgen is alles toch om zeep). Wie Prediker integraal leest en niet selectief, moet bekennen dat zijn denken én scherper én genuanceerder is dan die twee uitersten.

"Men heeft ons geleerd dat rabbi Eliëzer zei: 'Bekeer je één dag voor je dood.' 'Maar kan een mens weten op welk ogenblik hij zal sterven?' vragen zijn leerlingen. Neen, en daarom moet hij zich vandaag bekeren, uit vrees morgen te sterven. Zo kan men zeggen dat hij zich alle dagen van zijn leven moet bekeren. Dat is het ook wat salomo in zijn wijsheid aanbeveelt: *'Laat je kleren ten allen tijde wit zijn, en zie dat de olie nooit ontbreekt over je hoofd'* (9,8)." (bShabbat 153a; daarop wordt een parabel verteld van een koning die een groot banket organiseert en mensen uitnodigt. Zie dat je klaar staat, met 'een wit gewaad en met parfum op het hoofd'! Nog anderen zien in het wit gewaad de rituele mantel met de zoom, en in de olie de gebedsriemen... Hoe dan ook in de bladzijden 149a tot 155a van het traktaat Shabbat in de Babylonische Talmoed vinden we wel een twintigtal zinspelingen op het boek Prediker!)

"*Beter een levende hond dan een dode leeuw.*" (9,4) Wellicht citeert Prediker hier een volksspreuk. In Zwitserland klinkt het nog anders: 'Beter een levende ezel dan een dood paard!' Het nuchtere hoort bij de wijze aanpak van de dingen. Na het lezen van Prediker is zo goed als iedereen een reeks illusies kwijt.

## 9,11-12

9,11 Nog iets anders zag ik onder de zon: niet altijd winnen de snelsten de wedloop of de dappersten de oorlog. Het zijn niet altijd de wijzen die te eten hebben, de verstandigen die rijk worden of de deskundigen die bijval krijgen. Alles hangt af van tijd en toeval. 12 Bovendien weet geen mens wanneer het zijn tijd is. Zoals een vis ineens gevangen zit in de fuik of een vogel vastraakt in een klapnet, zo wordt ook de mens gestrikt op een kwaad moment dat hem onverwachts overvalt.

Deze korte paragraaf, met het klassieke beeld van het klapnet (zo oud als Am. 3,5 en Spr. 1,17! Zie ook hoe Jezus het beeld gebruikt in Lc. 21, 35!), vormt een hernieuwde meditatie over een van Predikers kernintuïties: "alles hangt af van tijd en toeval," (9,11) terwijl toch niemand zelf het moment kan bepalen. Bij de Chinese taoïsten lees je: je kunt het moment niet zelf bepalen noch produceren, maar de wijze is paraat om telkens in te stemmen wanneer het moment zich aanbiedt.

## 9,13-10,1

9,13 Op het gebied van wijsheid heb ik nog iets meegemaakt onder de zon, waarvan ik diep onder de indruk kwam. 14 Er was een klein stadje met weinig inwoners. Een machtige koning rukte op tegen dit stadje, omsingelde het en bouwde grote belegeringswerken. 15 Nu was er een arme man die zo wijs was, dat hij het stadje had kunnen redden. Maar niemand schonk aandacht aan die man, want hij was arm. 16 Daarom zeg ik: wijsheid mag meer waard zijn dan kracht, de wijsheid van een arme telt niet mee en naar zijn woord wordt niet geluisterd. 17 Het rustige betoog van een wijze vindt meer gehoor dan het luide geschreeuw van de dwazen. 18 Wijsheid is meer waard dan wapens. Ja, maar één fout kan veel goeds bederven.

10,1 Een dode vlieg bederft de beste parfum. Een beetje dwaasheid kan heel wat wijsheid te niet doen.

Verhaaltjes en parabels komen de leer nog anders toelichten. 'Een dode vlieg bederft de beste parfum'. Een gegeven uit de ervaring. De toepassing volgt terstond. Een machtige koning en een klein stadje met een wijze maar arme man die de stad nog had kunnen redden. Een historisch verhaal? Een parabel? Zeker een spiegel waaruit moet blijken dat macht en wijsheid, eens op de weegschaal van de geschiedenis geplaatst, niet in evenwicht zijn. De balans slaat al te vaak pijnlijk door daar waar macht het voor het zeggen heeft.

## 10,2-11,6

10,2 Het hart van een wijze zit rechts, maar dat van een dwaas zit links. 3 Waar een dwaas ook loopt, men ziet dat hij geen verstand heeft; hij laat iedereen merken hoe dwaas hij is. 4 Als een heerser tegen je uitvalt, verlaat dan niet meteen je post. Kalmte voorkomt grote misstappen. *(Vgl. Spreuken 15,1; 15,18; 16,14)* 5 Ik heb iets ergs gezien onder de zon, een vergissing die gezagdragers steeds weer maken: 6 dwazen krijgen hoge functies en bekwame mensen blijven op een lage post. 7 Slaven zag ik hoog te paard en magistraten gingen als slaven te voet. 8 Wie een kuil graaft kan er in vallen; *(Vgl. Ps 35,7)* wie een muur omverhaalt kan door een slang worden gebeten. 9 Wie stenen lostrekt kan zich bezeren; een houthakker kan zich verwonden. *(Vgl.*

*Spr. 26,27; 28,10)* 10 Als je een botte bijl niet slijpt moet je teveel kracht zetten. Met wijsheid heb je meer kans van slagen. 11 Bijt een slang omdat ze niet tijdig is bezworen, dan heeft de slangenbezweerder niets aan zijn kunst. 12 Woorden van een wijze bezorgen hem bijval, *(Spr. 10,32; 15,2)* maar het gepraat van een dwaas stort hem in het ongeluk. 13 Zo gauw hij zijn mond opendoet praat hij onzin, en wat hij verder nog zegt is baarlijke nonsens. 14 Een dwaas heeft over alles iets te zeggen, ofschoon geen mens weet wat komen gaat en niemand hem dat kan vertellen. 15 De dwaas zwoegt maar en mat zich af, maar hij weet niet eens hoe hij in de stad moet komen. *(Vgl. Spr. 26,15)* 16 Wee u, land, als uw koning te jong is en uw magistraten 's morgens vroeg al aan tafel zitten. 17 Gelukkig land, als uw koning een man van adel is en uw magistraten aan tafel gaan wanneer het hoort, *(Vgl. Spr 31,4)* om zich te sterken en niet om zich te bedrinken. 18 Als iemand lui is verzakt het gebinte, en als hij geen hand uitsteekt regent het binnen. 19 Eten doet men voor zijn plezier en wijn brengt vreugde in het leven: voor geld is alles te krijgen. 20 Verwens een rijke niet eens in je slaapkamer, een koning zelfs niet in je gedachten; want de vogels in de lucht vertellen het verder en op hun vleugels dragen ze het uit.

11,1 Gooi je brood op het water; na lange tijd vind je het misschien terug. 2 Beleg je bezit in zeven of acht zaken; je weet niet welke ramp de aarde kan treffen. 3 Als de wolken vol zitten, gieten ze regen uit over het land. Een boom kan naar het zuiden vallen of naar het noorden, maar zoals hij valt blijft hij liggen. 4 Wie alsmaar let op de wind komt aan zaaien niet toe, en wie naar de wolken blijft kijken komt niet tot oogsten. 5 Evenmin als je weet hoe in de moederschoot het leven ontstaat, *(Vgl. Spr. 30,19)* evenmin weet je iets van het werken van God, de maker van alles. 6 Begin in de morgen te zaaien en gun je hand tot de avond geen rust. Je weet immers niet of het de ene keer lukt of de andere, of dat het beide keren goed uitvalt.

Prediker was een leraar, een meester in het verzamelen, smeden en herijken van gezegden en spreuken, zo leren we in het nawoord (12,9-10). In die ene bladzijde van 10,2 tot 11,6 krijgen we een toch indrukwekkende reeks van dergelijke spreuken, al dan niet traditioneel. Hier en daar is de overeenkomst met gezegden uit het boek Spreuken opvallend (tussen haakjes aangegeven).

Ieder is vrij om een bepaalde beeldspraak verder door te trekken naar een persoonlijke situatie. Behalve in 10,5-7, verzaakt Prediker aan verdere toepassingen. Wellicht kunnen we ook stellen dat hij in 11,5 nog even tussenkomt, juist voor het einde, met zijn aparte zin voor het ongrijpbare dat men aan Gods macht en inzicht moet overlaten. Nuchter gezond verstand alterneert hier met een grondig optimisme, zoals blijkt uit het allerlaatste vers (11,6).

Sommige spreuken hebben weer andere spreuken gebaard. Dat is onder andere zo met het beeld van de bijl in 10,10: "Als je een botte bijl niet slijpt moet je teveel kracht zetten. Met wijsheid heb je meer kans van slagen." Dit beeld komt geregeld bij de woestijnvaders terug, in hún wijsheidsspreuken. Twee voorbeelden kunnen volstaan:

*De bijl van het onderscheidingsvermogen*

Abt Poimên zei: "Abt Ammonas zei: 'Iemand kan de hele tijd een bijl hanteren zonder erin te slagen de boom te vellen, terwijl een ander, die bedreven is in het hakken, de boom met enkele slagen velt.'" En hij zei dat de bijl het onderscheidingsvermogen is.

*Geen bijl zonder heft*

Een broeder vroeg aan abt Achilles: "Hoe kunnen de duivels iets tegen ons uitvoeren?" De grijsaard antwoordde: "Dankzij onze wil." En hij voegde eraan toe: "De bomen van de Libanon zeiden eens tot elkaar: 'Wij die zo hoog en zo sterk zijn, hoe komt het dat dit kleine stukje ijzer ons neerhaalt? Laat ons niets geven dat van ons afhangt, en men zal ons niet meer kunnen neerleggen!' Maar mensen zijn gekomen en zij maakten uit deze bomen het heft van de bijl waarmee ze de bomen konden omhakken. De bomen, dat zijn de zielen; het ijzer van de bijl is de duivel; en het heft, dat is onze wil. Het zijn onze slechte wilsbeslissingen die ons neerhalen." (Zie: *Wijsheid uit de woestijn*, Lannoo 2005, blz. 84 en 197).

## 11,7-12,8

Prediker eindigt zijn boek met een langer onderricht over de vreugdes van de jeugd in het licht van de aftakeling van de oude dag, alles gericht tot een jonge man (11,9).

> 11,7 Het licht is zalig en het is een weldaad voor de ogen de zon te zien. 8 Hoe lang iemand ook leeft, laat hij genieten van elke dag en bedenken dat er nog donkere dagen genoeg zullen zijn en dat alles wat daarna komt ijdel is. 9 Jongeman, geniet van je jeugd en neem het ervan zolang je nog jong bent. Doe wat je hart je ingeeft en wat je ogen begeren. En besef dat God je over alles rekenschap vraagt. 10 Zet alle zorgen van je af en houd alle kwalen van je lijf, want jeugd en morgenlicht zijn zo voorbij.
>
> 12,1 Houd je schepper in ere zolang je nog jong bent, eer de kwade dagen komen en de jaren dat je zegt: het bevalt me niet meer. 2 Eer het zonlicht verduistert, de maan en de sterren verbleken, en de wolken na de regen blijven hangen. 3 Als het zover is staan de huisbewakers te beven en lopen de sterke mannen gebogen. De weinige maalsters die er nog zijn staken hun werk, de vrouwen aan het venster zien alleen maar duisternis. 4 De huisdeur valt in het slot, het geluid van de molen vervaagt, het gefluit van de vogels verstomt, alle tonen sterven weg. 5 Onderweg is men overal bang voor en iedere helling schrikt af. De amandel smaakt niet langer, de sprinkhaan ligt zwaar op de maag en de kappervrucht helpt niet meer: de mens is op weg naar zijn laatste verblijf, de rouwklagers staan op straat al te

> wachten. 6 Het zilveren koord knapt af, de gouden schaal breekt, de kruik gaat stuk bij de bron en het scheprad valt gebroken in de put. 7 Het stof keert terug naar de aarde waar het vandaan kwam en de levensgeest naar God die hem schonk. 8 IJl en ijdel, zegt Prediker, alles is ijdel.

"Het licht is zalig..." Alles begint bij het licht, het morgenlicht, het eerste dat God schiep, volgens Genesis 1. De aanhef is onvergetelijk opgewekt. In het huidige Israël is dit vers door allen gekend en wordt het gezongen: een van de moderne populaire 'songs' herneemt het als refrein!

Alles is vergankelijk en het kleinste goed verdient hier en nu dankbaar genoten te worden. Het een en het ander. In suggestieve beelden die sommigen over de eeuwen hebben willen lezen als zovele allegorieën van het menselijke lichaam, roept Prediker de gestadige aftakeling op van wat een mens op zijn oude dag kan overkomen: we zijn allen 'op weg naar ons laatste verblijf', het graf, het stof.

Sommige verzen kregen een heel aparte invulling in de joodse traditie. Zo de interpretatie van 12,1: "In de dagen van je jeugd herinner je drie dingen en je zult geen gelegenheid hebben om te zondigen." Zo stelde Aqabia ben Malale'el. Hij leidde dat af uit één vers in Pred 12,1: "Herinner je je *"borekha"*'. Hier zijn drie vertalingen mogelijk: 'Je schepper, je bron, je put!' Gedenk je oorsprong ('bron') en eindbestemming ('put'), die samenvallen in Hem die jou *schiep*!" (Zie: de Talmoed van Jeruzalem, *Sota* 18a).

Vers 6 is poëtisch bijzonder krachtig: in vier beelden wordt het onherroepelijke van de dood geëvoceerd.

Vers 7 is dan weer nuchter realistisch, met een echo naar het tweede scheppingsverhaal van Gen. 2-3: wij zijn uit het stof der aarde geboetseerd, en we keren daarnaar terug. (Vergelijk met Pred. 3,20-21) Maar Prediker voegt eraan toe dat de *ruach*, de levensgeest, tegelijk terugkeert naar Hem die hem gegeven heeft. Waarop het openingsvers en hoofdrefrein van het hele boek wordt herhaald: "Ijl en ijdel, zegt Prediker, alles is ijdel."

Hier zijn vele lezingen mogelijk. Noteren we op de eerste plaats dat God hier weer staat als de gever bij uitstek. De dood is dood, een onherroepelijk einde, maar de dood is ook een terugkeren van ons levensprincipe naar de Oergever. Zo ijl en ijdel is het bestaan. Alles is leeg, en alles is gunst. Leef erop los én wees in alles dit hoge besef waardig.

## 12,9-14

12,9 Prediker was een wijs man, hij heeft het volk veel kennis bijgebracht. Wikkend en wegend heeft hij vele spreuken opgesteld. 10 Prediker probeerde goede gezegden te vinden en eerlijk de waarheid onder woorden te brengen. 11 Woorden van een wijze zijn prikkels, goed vastzittende spijkers de verzameling ervan. Door één herder werden ze geschonken.

> 12 Tenslotte nog dit: Mijn zoon, wees gewaarschuwd: veel boeken schrijven is een werk zonder eind, en veel studeren put een mens uit. 13 Om te besluiten, nu je alles hebt gehoord: vrees God en onderhoud zijn geboden; daar komt voor een mens alles op aan. 14 Want van alles wat je doet, zelfs in het verborgene, zal Gods oordeel uitwijzen of het goed is of kwaad.

Een uitgever licht toe hoe dit boekje dient verstaan te worden: het zijn wijze, goed afgewogen woorden van een voortreffelijke leraar in Israël. Woorden van de wijzen doen meer dan strelen: ze kunnen ook de luie of koppige os die we zijn, prikkelen en die weer op het goede pad brengen. Eén is de Herder, en dat is God de Heer, zo mogen we die uitspraak verstaan, al valt nergens in het boek de geopenbaarde naam YHWH. Wie de woorden van de wijzen ter harte neemt gaat onder dit herderschap staan. Hij of zij hoeft niets meer te vrezen. Alles komt goed.

Het is best mogelijk dat de allerlaatste woorden ("Tenslotte nog dit, mijn zoon...") ontleend zijn aan gezegden die de uitgever zich herinnert van Prediker zelf. Ze klinken hier na als testamentaire woorden. Het hele boekje trouwens kunnen we, vanuit dit nawoord, als het geestelijke testament van een originele wijze in Israël ontvangen.

Enkele van de meest centrale thema's uit het boek keren hier terug. Onder meer het nadrukkelijke woord: "Vrees God!" Volgens vele commentatoren, te beginnen met Hiëronymus (vierde eeuw), heeft die epiloog veel bijgedragen voor het opnemen van Prediker in de joodse canon van de Geschriften. Dat gebeurde eind eerste, begin tweede eeuw van onze jaartelling. Eeuwen later zal Prediker als liturgische lectuur gekoppeld worden aan het herfstfeest: het Loofhuttenfeest, het meest blije van alle pelgrimsfeesten in de joodse kalender. Voor joodse lezers blijft Prediker het boek dat de vreugde als plicht aanbeveelt. Het feest moet, en de vreugde wordt tot religieuze plicht. Laat ook de niet-jood dit indachtig zijn als bruikbare leessleutel voor dit wellicht nog steeds wat bevreemdend boekje?

Ook commentaren schrijven is een werk zonder eind, maar dit commentaar was wel een deugddoende ervaring, een moment van geluk! Waarom of hoe, dat weet ik zelf niet maar ik dank de oorspronkelijke denker voor zijn nagelaten gedichten en gedachten. Ze zetten op weg naar een bezonnen feest! Ze scheppen in het meedenkende hart nu reeds een bron van dankbaarheid. Die vreugde is een geschenk, en één is de Gever.

# ADDENDA

## Een remedie tegen levensmoeheid

Op zekere dag, in 1970, ontving ik een briefje van een medestudent, Eduardo Monzon-Aguirre, uit Colombia.

Lees Prediker, in de volgende orde:

4,6 - 3, 22a - 5,17-19 - 7,29- 9,7-8.

Ik heb dat kleine briefje van zo'n 3x4cm tot op vandaag in mijn zakbijbeltje bewaard. Wie weet heeft iemand anders er eveneens baat bij?

Wie de verzen samen plaatst, zal in elk geval de volgende tekst zien opduiken:

> Beter een handjevol rust dan handenvol zwoegen en grijpen naar wind. Voor de mens is het nog het beste te genieten van zijn werk. Dat is het enige wat hij heeft.
>
> Wat deugd doet is eten en drinken en van het goede genieten bij alle zwoegen en tobben onder de zon, de korte tijd die God je toemeet. Dat is het enige wat je hebt.
>
> Als God je welstand en rijkdom schenkt en je de kans geeft ervan te profiteren, als je je deel krijgt en gelukkig

bent bij al je werk, dan is dat een gave van God. Je denkt dan niet voortdurend aan de kortheid van je bestaan: God geeft je zoveel dat je er helemaal in opgaat.

Naar Gods bedoeling is het leven eenvoudig, maar de mens haalt zich van alles in 't hoofd. Eet daarom je brood met vreugde en drink je wijn met een opgewekt hart. Dat heeft bij voorbaat Gods zegen. Ga altijd feestelijk gekleed en zorg steeds voor parfum op je hoofd.

## PREDIKER EN DE PSALMEN

Meerdere psalmen echoën bijzonder sterk met de tekst van Prediker. Is iemand met het psalmwoord vertrouwd, dan geraakt hij of zij minder gemakkelijk onthutst of ontredderd door de uitspraken van Prediker.

Zie met name de vier volgende psalmen in hun geheel: 39, 49, 73 en 90. En zie ook losse verzen zoals 7,16; 33,11; 62,10; 102,12; 103,14-16; 104,15; 104,29-30; 109,23; 139,17; 144,3-4.

Een greep uit het vele:

> De mens blijft in zijn rijkdom niet wonen: als een stom beest komt hij aan zijn eind. (49,13; 49,21)

> Zie, mijn dagen bepaalt Gij – een handbreed, voor uw oog is mijn levensduur niets; de mens zo fier, is slechts een adem, slechts een schaduw de baan die hij gaat: als een zucht is het leven vervluchtigd. Men vergaart – en wie gaat ermee heen? (39,6-7)

> Wie een valkuil delft, stort zelf in het gat dat hij groef. (7,16)

> Wij leven onze jaren – een zucht. (90,9)

Een mens – niets dan een ademtocht, vervluchtigend zelfs de grootsten; zij gaan omhoog op de balans, nauwelijks een zucht tesamen! (62,10)

Wat is de mens dat Gij hem aanziet... De mens is een adem gelijk, wiens dagen als schaduw vergaan. (144,3-4)

Leer ons zo onze dagen te tellen dat ons wijsheid des harten gewordt. (90,12)

## Prediker en het Nieuwe Testament

Nergens wordt het boek Prediker in het Nieuwe Testament aangehaald. De schrijvers van de evangelies en van de brieven lezen het Eerste Testament in de Griekse vertaling van de Septuagint (LXX). Naar alle waarschijnlijkheid werd Prediker pas begin de tweede eeuw van onze jaartelling in het Grieks vertaald, en wel door de proseliet Aquila.. Zo is het niet al te verwonderlijk dat Prediker nergens geciteerd voorkomt in het NT.

Toch vinden we meer dan één passage waarin de gedachtengang overeenkomt met die van Prediker. Uit meerdere commentaren hebben we de volgende parallellen genoteerd:

**1,2:** zie Rom. 8,20 ("heel de natuur is onderworpen aan een zinloos/ijdel bestaan")

**1,3:** zie Mc. 8,36-37 ("wat baat het een mens de hele wereld te winnen...")

**3,4:** zie Mt. 11,17 ("treuren" en "dansen")

**5,1:** zie Mt. 6,7 ("geen omhaal van woorden, bij het gebed")

**5,7:** zie Kol. 4,1 (mogelijke verdrukking in sociale relaties)

**5,14:** zie 1 Tim. 6,7 ("wij hebben in deze wereld niets meegebracht en kunnen er ook niets uit meenemen")

**7,9:** zie Jak. 1,19 ("vlug om te luisteren, langzaam om te spreken")

**7,20:** zie Rom. 3,20 ("Er is niemand die rechtvaardig is")

**8,15:** zie Lc. 12,19-21 ("Man, je hebt een grote rijkdom liggen… eet en drink en geniet ervan…")

**9,7:** zie Hand. 2,46 ("samen genieten in blijdschap en eenvoud van hart")

**9,8:** zie Mt. 6,17 ("…zalf dan uw hoofd en was uw gezicht")

**11,5:** zie Joh. 3,8 ("Kind in de schoot door de levensgeest gevormd")

**12,14:** zie 2 Kor. 5,10 ("Het oordeel over goed en kwaad komt er, voor allen")

# PREDIKER IN DE
## CHRISTELIJKE LITURGIE

De invloed van het boek Prediker op christelijke schrijvers is pas na het midden van de tweede eeuw merkbaar. Als oudste getuigenis signaleert men *de Testamenten van de XII Patriarchen* (in het Grieks door christenen overgeleverd). Een viertal passages dragen de sporen van de Griekse vertaling van Prediker. Begin derde eeuw komen de eerste commentaren: Hippolytus, Origenes en Dionysius van Alexandrië. Een eerste, volledig bewaard commentaar staat op naam van Gregorius de Thaumaturg (eind derde eeuw).

In de recente liturgische schikking van na Vaticanum II krijgt Prediker dan toch een kans om even zijn stem in onze bijeenkomsten te laten horen. Vóór het Concilie namelijk viel dit boekje tussen de mazen van de liturgische roosters. Uit Spreuken en uit Hooglied las men wel telkens tweemaal een perikoop, maar uit Prediker niets.

In de nieuwe schikking komt Prediker eenmaal op zondag aan bod. In de C-cyclus op de 18[de] zondag door het jaar leest men Pred. 1,2 en 2,21-23. De lezing uit het evangelie die deze keuze uit Prediker aantrok, is genomen uit Lucas (12,13-21). Jezus wijst mensen terecht die om hun bezittingen en erfenis veel geven. Hij vertelt een parabel over een rijke die allerlei berekeningen maakt maar vergeet dat God hem diezelfde nacht nog bij zich kan roepen. Van de 222 verzen van Prediker leest men eens in de drie jaar uitgerekend vier verzen op zondag.

In de week komt Prediker om de twee jaar terug, in de even jaren, tijdens de 25e week, op donderdag, vrijdag en zaterdag, in parallel opnieuw met teksten uit Lucas (9,7-9;9,18-22;9,43b-45). Komen aan bod: Pred 1,2-11 (met Ps. 90 als tussenzang); Pred 3,1-11, "er is een tijd voor alles" (met Ps. 144,2-4 als tussenzang: 'Wat is de mens dat U aan hem denkt?') en Pred. 11,9 tot 12,8 (met opnieuw Ps. 90 als tussenzang). Nog eens 31 verzen van de 222 krijgen daarbij een kans in onze liturgie. Interessant is wel dat Ps. 90 hier tweemaal wordt aangehaald als tussenzang. Ook op zondag wordt na Pred 1, 2 en 2, 21-23 dezelfde psalm gekozen. Er blijkt dus – vanuit de liturgie – een geestelijk verwantschap te bestaan tussen Prediker en Psalm 90.

Het rooster voor de lezingen in het Getijdengebed biedt aan de vromen die het breviergebed beoefenen, een kans meer om Prediker te lezen. In het schema over één jaar leest men zeven perikopen uit Prediker, een volle week lang, de 7de week door het jaar. Dit betekent concreet: Pred 1,1-18; 2,1-3; 2,12-26; 3,1-22; 5,9-6,8; 6,12-7,28; 8,5-9,10 en 11,7-12,14. Al bij al is dit indrukwekkend: hele hoofdstukken worden integraal voorgelezen (1; 3; 7; 12) en samen zijn dat 147 verzen op het totaal van 222. Zo goed als twee derden van het boek komt in dit leesrooster van het Getijdengebed voor. Verrassend is dan toch dat de centrale paragraaf over het gedrag van wie naar de tempel komt (4,17 tot 5,6) niet werd weerhouden als catechese voor ons.

In het schema dat de bijbellezingen voor het Getijdengebed over twee jaren verdeelt, komt er uiteraard veel meer tekst op tafel, maar merkwaardig genoeg betekent dit nog niet dat men daarom meer uit Prediker zal voorlezen: hier krijgt Prediker eveneens een volle week met zeven lezingen (zie de 20$^e$ week door het jaar, in de even jaren). De verdeling is op dit punt exact dezelfde als over één jaar. Ironie van het eindresultaat: daar waar meer uit de bijbel voorgelezen wordt, komt men Prediker maar eens in de twee jaar tegen met twee derden van zijn boek. In het rooster voor één jaar krijgen we jaarlijks die twee derden op het menu.

# EEN NACHTWAKE MET PREDIKER

Prediker met z'n twaalf hoofdstukjes kan men best in een lange avond of kleine nachtwake integraal lezen. Strikt genomen nemen die 222 verzen geen vol uur voorlezen in beslag. Men kan de tekst in drie delen opsplitsen (1-3; 4-7; 8-12). Ziehier een concreet voorstel, ooit uitgeprobeerd in een wake gehouden in de Godelieveabdij te Brugge (10 juni 2006). Bij elke wake las men met twee voorlezers (A en B). Tussenin en op het einde lieten we telkens wat instrumentale muziek horen. Wijsheid is als honing. Te veel honing ineens opnemen kan averechtse effecten hebben, zo leert de wijsheid zelf. Klanken van citer of fluit verruimen bovendien de horizon en geven aan het woord van Prediker over leegte en ijlte een nog andere diepte, waar zelfs het bekoorlijk schone in ontwaard kan worden.

**Eerste Wake: 1-3**

A 1,1-11
B 1,12-2,26
Muziek
A 3,1-15
B 3,16-22
Muziek

**Tweede Wake: 4-7**

A 4,1-12
B 4,13-5, 6
A 5,7-19
Muziek
B 6,1-12
A 7,1-14
B 7,15-29
Muziek

**Derde Wake: 8-12**

A 8,1-9
B 8,10-17
A 9,1-12
Muziek
B 9,13-10,15
A 10,16-11,6
B 11,7-12,8
Muziek
12,8-14

Iedere wake heeft zelf een drievoudige structuur: lezen, stilte en delen. Het lezen is plechtig, helder, verkondigend, door goed voorbereide lezers, ongeveer een kwartier tot twintig minuten lang. De stilte die daarop volgt, eveneens een kwartier lang, is de tijd waar we woorden herlezen en herkauwen. In het derde moment reageren we op Gods woord. Dit moment (ongeveer twintig minuten) wordt ingezet en afgesloten met een lied. Wierookstokjes worden bij dit moment ontstoken. Het gebed – zowel voorspraak als lof en dank – stijgt op als wierook.

De gekende liederen van Oosterhuis lenen zich best voor een mijmering bij Prediker. "Heer, onze Heer, hoe zijt Gij aanwezig en hoe onzegbaar ons nabij…" "Hoe is uw naam, waar zijt Gij te vinden, eeuwige God, wij willen U zien…" "Ik sta voor U in leegte en gemis…vreemd is uw naam, (…). Heer, ik geloof, waarom staat Gij mij tegen?" "De Geest des Heren heeft een nieuw begin gemaakt, in al wat groeit en leeft zijn adem uitgezaaid…"
Oosterhuis herdichtte zelf meer dan één passage uit Prediker. Minstens drie gedichten zijn geschreven op basis van ons Bijbelboek. Zo wordt Prediker 3 ("Er is een tijd voor alles") origineel herschreven en de dichter voegde er een nieuwtestamentische strofe aan toe (zie met twee verschillende melodieën in *Verzameld Liedboek*, p. 794 en 795). Ook het openingsgedicht (Pred. 1,3-11) en het laatste onderricht aan de jongeman (11,7-12,7) herdichtte hij in een lied (zie *Het ene geslacht gaat en het andere komt* in *Verzameld Liedboek*, p.378). Zo is er nog het gedicht genaamd *Het licht is zoet* (uit Pred 11,7), dat begint met '*Damp, schaduwen, leegte, ijler dan ijl is alles*' (p.926). *Zwart als git* tenslotte is eveneens een gedicht dat de verzen over het oud worden in Prediker 12,5-7 herbespeelt (zie p.820). Van Prediker heeft men gezegd dat hij de Montaigne is van de bijbel. Misschien kunnen we Oosterhuis beschouwen als een andere Prediker te midden van onze generatie?

Op het einde van elke wake, juist voor de pauze hebben we het kleine danklied van A. den Besten gezongen. Broosheid en dankbaarheid, bevend en onvast maar toch geborgen, zo is het gelovige bestaan, toen en nu.

> Gij hebt, o God, dit broze bestaan gewild, hebt boven 't nameloze mij uitgetild. Laat mij dan dankbaar leven de volle tijd, geborgen in de bevende zekerheid, dat ik niet uit dit smal en onvast bestand van mijn bestaan zal vallen dan in uw hand.

Het zeer gekende lied *Al wat er nodig is om te bestaan* krijgt in de context van een integrale lezing van Prediker plots volkomen nieuwe bijklanken. *"Brood om te eten en wijn van vreugd... Zaad om te sterven tot ons behoud..."* Het specifiek christelijke ("in Jezus' naam"; "Jezus die brood zijt van onze dis") en het nuchter spreken van Prediker over het diep dankbaar genieten van de eenvoudige dingen 'nodig om te bestaan' zoals eten en drinken, blijken best met mekaar te rijmen. De tekst van Prediker krijgt erdoor een andere diepte, maar ook de christelijke gewoonte ontvangt door de nabijheid van de mijmeringen van de wijze een grotere existentiële densiteit.

Op het einde van de avond kreeg ieder een kaartje waar een vers van de Prediker kalligrafisch stond opgetekend. Aan het uiterste van de kaart was een drievoudige draad, in elkaar gevlochten, vastgehecht. Op de achterkant van het lint kon men lezen:

> Iemand alleen kan overweldigd worden, met z'n tweeën kun je een aanvaller baas. Een driedubbel koord krijg je moeilijk stuk. (Pred. 4, 12)

Om niet te vergeten. Het vers niet. De avond niet. De verbondenheid met elkaar niet. Tekst, gemeenschap en feest waren drie en één. Het was de vooravond en nacht van de zondag van de Drie-eenheid, 10-11 juni 2006.

# KLEINE BIBLIOGRAFIE

Aalders, G.Ch., *Het boek De Prediker* (Commentaar op het Oude Testament), Kampen 1941 (heruitgegeven 1984).

Beek, M.A., *Prediker, Hooglied* (POT) Nijkerk 1984.

Delsman Wim, 'Qohelet, de Prediker', in *Schrift* nr. 76 (augustus 1981), pp. 123-159.

Drijvers Pius en Hawinkels Pé, *Job/Prediker*, vertaling met commentaar en verklarende aantekeningen, Baarn 1971.

Loader, J.A., *Prediker. Een praktische bijbelverklaring* (Tekst en Toelichting), Kampen 1984.

Negenman J., *Prediker*, (Belichting van het bijbelboek), Boxtel 1988.

van der Ploeg J., *Prediker* (De Boeken van het Oude Testament), Roermond-Maaseik 1953.

**Namen van auteurs die in andere taalgebieden het boek commentarieerden, zijn onder meer:**

D. Lys (Paris 1977),

N. Lohfink (Stuttgart 1980)

J.L. Crenshaw (Philadelphia 1987)

G. Ceronetti (Paris 1987)

G. Ravasi (Milano 1988)

A. Bonora (Roma 1992)

W.P. Brown (Louisville 2000)

**Wat buiten categorie is het werk van de denker, socioloog en historicus Jacques Ellul:**

Jacques Ellul, *La raison d'être. Méditation sur l'Ecclésiaste*, Paris 1987.

**Zie bovendien nog de gebundelde studies van de recente bijbeldagen in Leuven, gewijd aan Prediker:**

*Qohelet in the Context of Wisdom,* (uitgegeven door A. Schoors), (BiblETL 136), Leuven 1998.

**Tot de meest recentste studies met degelijke verslaggeving van de stand van zaken en nieuwe inzichten, zie de twee artikels van Roberto Vignolo in *Theologia*.**

Roberto Vignolo in *Theologia*, (rivista della facoltà teologica dell'Italia settentionale), 25(2000/3), pp. 217-240; en 26(2001/1), pp. 12-64.

**Voor de exegese van de Kerkvaders en het commentaar op de Griekse tekst van Prediker, zie:**

*La Bible d'Alexandrie, n° 18, L'Ecclésiaste,* (vertaald met inleiding en nota's door Françoise Vinel), Paris 2002, met een overzicht voor de patristiek, pp. 89 tot 96.

**Uit de bibliografie (zie p. 12-13) noteren op z'n minst de volgende drie werken:**

Évagre le Pontique, *Scholies à l'Ecclésiaste*, (uitg. en vert. P. Géhin), (SC 397), Paris 1993.

Grégoire de Nysse, *Homélies sur l'Ecclésiaste*, (uitg. P. Alexander en vert. Fr. Vinel), (SC 416), Paris 1996.

*L'esegesi di Origene al Libro dell'Ecclesiaste*, (uitg. S. Leanza), Reggio di Calabre 1975.

**We signaleren tot slot nog de oude Aramese vertaling van Prediker, de Targoem, met leerrijke inleiding en commentaar:**

Charles Mopsik, *L'Ecclésiaste et son double araméen. Qohélet et son Targoum*, Verdier, 1990.

## OVER DE AUTEUR

Benoît Standaert is benedictijn van de Sint-Andriesabdij in Zevenkerken-Brugge. Hij studeerde in Rome, Jeruzalem en Nijmegen, waar hij in 1978 promoveerde op het Marcusevangelie. Hij verdiepte zich ook grondig in het zenboeddhisme en verbleef om die reden gedurende ruime tijd in verschillende zenkloosters in Japan. In binnen- en buitenland is hij betrokken bij uiteenlopend vormings- en opleidingswerk.

In zowel binnen- als buitenland is Benoît Standaert betrokken bij uiteenlopend vormings- en opleidingswerk. Al vele jaren zet hij zich ook actief in voor de interreligieuze dialoog. Tevens is hij de bezieler van de Laura van Abt Poimen, een netwerk van leken in België en Nederland die de geest van de woestijnvaders via monastieke praktijken in hun dagelijkse leven wensen te integreren.

Benoît Standaert publiceerde ook verschillende boeken. Zijn boek *De Jezusruimte* werd een spraakmakend boek dat ondertussen in verschillende talen verscheen. Andere werken van zijn hand in het Nederlands zijn *De drie pijlers van de wereld*, *Spiritualiteit als Levenskunst*, *Leven met de Psalmen (Deel 1, 2 & 3)*, *De apostel Paulus*. En in het Frans: *Le Désir Désiré: commentaire sur le Cantique des Cantiques*, *Journal de L'Humilité*.

## OVER DE UITGEVERIJ

Yunus Publishing publiceert boeken en essays rond religie, mystiek en politiek. Yunus Publishing werkt daarvoor vaak samen met andere organisaties. Eerdere uitgaven waren o.a. *'Soefisme Herzien'*, *'Islam, het evolutiedebat en beeldvorming'* (i.s.m. Kif Kif) en *'Mahatma Gandhi: spiritualiteit in actie'* (i.s.m. SPES-forum).

**Op de hoogte blijven van toekomstige uitgaven**
Indien u in de toekomst graag geïnformeerd wordt over de nieuwe publicaties of projecten van Yunus Publishing, wordt u vriendelijk verzocht om u via de website in te schrijven op de nieuwsbrief.

**Contact**
Alle opmerkingen, vragen of verzoeken kan u altijd doorsturen naar mail@yunuspublishing.org.

www.yunuspublishing.org

www.yunuspublishing.org

www.ingramcontent.com/pod-product-compliance
Lightning Source LLC
Chambersburg PA
CBHW031455040426
42444CB00007B/1116